संपूर्ण चालीसा संग्रह

The Complete Chalisa Sangrah
with English Transliterations

Published in Sanskriti Press
by Rupa Publications India Pvt. Ltd 2024
161-B/4, Gulmohar House,
Yusuf Sarai Community Centre,
New Delhi 110049

Sales centres:
Bengaluru Chennai
Hyderabad Kolkata Mumbai

P-ISBN: 978-93-6156-550-2
E-ISBN: 978-93-6156-416-1

Second impression 2025

10 9 8 7 6 5 4 3 2

Printed in India

विषय सूची
Table of Contents

पवित्र त्रिमूर्ति
ब्रह्मा, विष्णु और महेश की चालीसा

विष्णु के अवतार
परशुराम, राम और कृष्ण की चालीसा

देवियों
की चालीसा

नदियों की देवियों की चालीसा

संत चालीसा

अन्य चालीसाएं

प्रस्तावना

हिंदू धर्म की समृद्ध आध्यात्मिक धरोहर में अनगिनत भक्ति गीत और प्रार्थनाएँ शामिल हैं जो श्रद्धालुओं के दिलों में गहरी श्रद्धा और ईश्वर से जुड़ने की भावना उत्पन्न करती हैं। इन्हीं में से एक विशेष स्थान *चालीसा* का है। "चालीस" शब्द से व्युत्पन्न, चालीसा चालीस छंदों का एक समूह होता है, जो किसी देवता की स्तुति में लिखा गया है। विश्वास और भक्ति के साथ इन छंदों का पाठ न केवल पूजा का एक रूप है बल्कि आशीर्वाद, मार्गदर्शन और आध्यात्मिक उन्नति प्राप्त करने का एक साधन भी है।

यह पुस्तक हिंदू धर्म में प्रतिष्ठित कुछ सबसे प्रसिद्ध चालीसाओं का संग्रह है, जो ब्रह्मा, विष्णु, शिव, हनुमान, गणेश जैसे देवताओं को समर्पित हैं। इस संग्रह में शामिल प्रत्येक चालीसा भक्ति के सार का प्रतिनिधित्व करती है और भक्त को ब्रह्मांडीय दिव्यता से जुड़ने का मार्ग प्रदान करती है।

हिंदू धर्म में प्रत्येक देवता ब्रह्मांड और मानव जीवन के एक अद्वितीय पहलू का प्रतिनिधित्व करता है। भगवान ब्रह्मा

सृष्टिकर्ता के रूप में सभी चीजों की शुरुआत का प्रतीक हैं। भगवान विष्णु, पालनहार के रूप में संतुलन और सुरक्षा का प्रतीक हैं, जबकि भगवान शिव, संहारक के रूप में, परिवर्तन और पुनर्निर्माण का प्रतिनिधित्व करते हैं। ब्रह्मा चालीसा, विष्णु चालीसा, और शिव चालीसा का पाठ करने से भक्त सृजन, पोषण, और जीवन की परिवर्तनीय शक्तियों के लिए आशीर्वाद प्राप्त करता है।

इसी तरह, भगवान हनुमान, जो शक्ति, भक्ति और साहस के प्रतीक हैं, लाखों लोगों को हनुमान चालीसा के माध्यम से प्रेरित करते हैं। यह प्रिय भजन दुनिया भर के अनगिनत भक्तों के लिए सांत्वना और शक्ति का स्रोत रहा है। भगवान गणेश, जो विघ्नों का नाश करते हैं, और भगवान परशुराम, जो विष्णु के छठे अवतार हैं, भी अपनी-अपनी चालीसाओं के माध्यम से सम्मानित होते हैं, जो हमें ज्ञान, धैर्य, और धर्मपूर्ण कार्यों की शक्ति की याद दिलाते हैं।

इस संग्रह में भगवान राम, भगवान कृष्ण, और देवी दुर्गा, लक्ष्मी, सरस्वती और गायत्री को समर्पित चालीसाएँ भी शामिल हैं। प्रत्येक देवता जीवन के विभिन्न पहलुओं का प्रतीक है। भगवान राम धर्म का, भगवान कृष्ण प्रेम और दिव्य लीला

का, और देवियाँ ज्ञान, संपत्ति, शक्ति, और पोषण शक्ति का प्रतिनिधित्व करती हैं। इन स्तुतियों का पाठ करने से भक्तों को उन दिव्य शक्तियों से गहरा संबंध मिलता है, जो अस्तित्व को पोषित और नियंत्रित करती हैं।

सदियों से चालीसा आम व्यक्ति के लिए सरल लेकिन गहरे छंदों में भक्ति व्यक्त करने का माध्यम रहा है। यह पुस्तक भक्तों के लिए उनके चुने हुए देवता की दिव्य कृपा में डूबने का मार्ग प्रस्तुत करती है, जिससे उन्हें एक समृद्ध, शांतिपूर्ण, और सामंजस्यपूर्ण जीवन के लिए आशीर्वाद प्राप्त हो।

Introduction

The rich spiritual heritage of Hinduism is adorned with numerous devotional hymns and prayers that evoke deep reverence and a sense of connection with the Divine. Among these, the *Chalisa* holds a special place in the hearts of devotees. Derived from the Hindi word *chalis*, meaning 'forty', a Chalisa is a set of forty verses written in praise of a deity. Recited with faith and devotion, these hymns are not only a form of worship but also a means to seek blessings, guidance and spiritual elevation.

This book is a collection of some of the most revered Chalisas in Hinduism, dedicated to various deities such as Lord Brahma, Lord Vishnu, Lord Shiva, Lord Hanuman, Lord Ganesha, and many others. Each Chalisa included in this collection embodies the essence of devotion and provides a path for the devotee to connect with the divine aspects of the universe.

In Hinduism, each deity represents a unique

aspect of the cosmos and human life. Lord Brahma, the creator, symbolizes the beginning of all things. Lord Vishnu, the preserver, signifies balance and protection, while Lord Shiva, the destroyer, represents transformation and renewal. Reciting the Brahma Chalisa, Vishnu Chalisa or Shiva Chalisa, one seeks blessings for creation, sustenance, and the transformative powers of life.

Similarly, Lord Hanuman, the embodiment of strength, devotion and courage, inspires millions through the Hanuman Chalisa. This beloved hymn has been a source of solace and strength to countless devotees across the globe. Lord Ganesha, the remover of obstacles, and Lord Parashurama, the sixth avatar of Vishnu, are also celebrated through their respective Chalisas, reminding us of the power of wisdom, perseverance and righteous action.

The collection also includes Chalisas dedicated to Lord Rama, Lord Krishna, and the divine feminine energies embodied by Durga, Lakshmi, Saraswati and Gayatri. Each of these deities symbolizes different aspects of life: Lord Rama embodies virtue, Lord Krishna represents love and divine play, and the goddesses represent wisdom, wealth, strength and nurturing power. Reciting these hymns, one finds a deeper connection with the divine forces that govern and nurture existence.

For centuries, Chalisas have been a medium for the common man to express devotion in simple yet profound verses. This book serves as a gateway for devotees to immerse themselves in the divine grace of their chosen deity, seeking blessings for a prosperous, peaceful and harmonious life.

पवित्र त्रिमूर्ति
ब्रह्मा, विष्णु और महेश
की चालीसा

श्री ब्रह्मा चालीसा

ब्रह्मा चालीसा एक भक्ति गीत है जो भगवान ब्रह्मा पर आधारित है। भगवान ब्रह्मा को ब्रह्माण्ड के निर्माता के रूप में जाना जाता है।

॥ दोहा ॥

जय ब्रह्मा जय स्वयम्भू, चतुरानन सुखमूल ।
करहु कृपा निज दास पै, रहहु सदा अनुकूल ॥

तुम सृजक ब्रह्माण्ड के, अज विधि घाता नाम ।
विश्वविधाता कीजिये, जन पै कृपा ललाम ॥

॥ चौपाई ॥

जय जय कमलासान जगमूला ।
रहहु सदा जनपै अनुकूला ॥

रुप चतुर्भुज परम सुहावन ।
तुम्हें अहैं चतुर्दिक आनन ॥

रक्तवर्ण तव सुभग शरीरा ।
मस्तक जटाजुट गंभीरा ॥

ताके ऊपर मुकुट बिराजै ।
दाढ़ी श्वेत महाछवि छाजै ॥

श्वेतवस्त्र धारे तुम सुन्दर ।
है यज्ञोपवीत अति मनहर ॥

कानन कुण्डल सुभग बिराजहिं ।
गल मोतिन की माला राजहिं ॥

चारिहु वेद तुम्हीं प्रगटाये ।
दिव्य ज्ञान त्रिभुवनहिं सिखाये ॥

ब्रह्मलोक शुभ धाम तुम्हारा ।
अखिल भुवन महँ यश बिस्तारा ॥

अर्द्धांगिनि तव है सावित्री ।
अपर नाम हिये गायत्री ॥

सरस्वती तब सुता मनोहर ।
वीणा वादिनि सब विधि मुन्दर ॥

कमलासन पर रहे बिराजे ।
तुम हरिभक्ति साज सब साजे ॥

क्षीर सिन्धु सोवत सुरभूपा ।
नाभि कमल भो प्रगट अनूपा ॥

तेहि पर तुम आसीन कृपाला ।
सदा करहु सन्तन प्रतिपाला ॥

एक बार की कथा प्रचारी ।
तुम कहँ मोह भयेउ मन भारी ॥

कमलासन लखि कीन्ह बिचारा ।
और न कोउ अहै संसारा ॥

तब तुम कमलनाल गहि लीन्हा ।
अन्त बिलोकन कर प्रण कीन्हा ॥

कोटिक वर्ष गये यहि भांती ।
भ्रमत भ्रमत बीते दिन राती ॥

पै तुम ताकर अन्त न पाये ।
ह्वै निराश अतिशय दुःखियाये ॥

पुनि बिचार मन महँ यह कीन्हा ।
महापघ यह अति प्राचीन ॥

याको जन्म भयो को कारन ।
तबहीं मोहि करयो यह धारन ॥

अखिल भुवन महँ कहँ कोई नाही ।
सब कुछ अहै निहित मो माहीं ॥

यह निश्चय करि गरब बढ़ायो ।
निज कहँ ब्रह्म मानि सुखपाये ॥

गगन गिरा तब भई गंभीरा ।
ब्रह्मा वचन सुनहु धरि धीरा ॥

सकल सृष्टि कर स्वामी जोई ।
ब्रह्म अनादि अलख है सोई ॥

निज इच्छा इन सब निरमाये ।
ब्रह्मा विष्णु महेश बनाये ॥

सृष्टि लागि प्रगटे त्रयदेवा ।
सब जग इनकी करिहै सेवा ॥

महापघ जो तुम्हरो आसन ।
ता पै अहै विष्णु को शासन ॥

विष्णु नाभितें प्रगट्यो आई ।
तुम कहँ सत्य दीन्ह समुझाई ॥

भैटहु जाई विष्णु हितमानी ।
यह कहि बन्द भई नभवानी ॥

ताहि श्रवण कहि अचरज माना ।
पुनि चतुरानन कीन्ह पयाना ॥

कमल नाल धरि नीचे आवा ।
तहां विष्णु के दर्शन पावा ॥

शयन करत देखे सुरभूपा ।
श्यायमवर्ण तनु परम अनूपा ॥

सोहत चतुर्भुजा अतिसुन्दर ।
क्रीटमुकट राजत मस्तक पर ॥

गल बैजन्ती माल बिराजै ।
कोटि सूर्य की शोभा लाजै ॥

शंख चक्र अरु गदा मनोहर ।
शेष नाग शय्या अति मनहर ॥

दिव्यरुप लखि कीन्ह प्रणामू ।
हर्षित भे श्रीपति सुख धामू ॥

बहु विधि विनय कीन्ह चतुरानन ।
तब लक्ष्मी पति कहेउ मुदित मन ॥

ब्रह्मा दूरि करहु अभिमाना ।
ब्रह्मारुप हम दोउ समाना ॥

तीजे श्री शिवशंकर आहीं ।
ब्रह्मरुप सब त्रिभुवन मांही ॥

तुम सों होई सृष्टि विस्तारा ।
हम पालन करिहैं संसारा ॥

शिव संहार करहिं सब केरा ।
हम तीनहुं कहँ काज धनेरा ॥

अगुणरुप श्री ब्रह्मा बखानह ।
निराकार तिनकहँ तुम जानहु ॥

हम साकार रुप त्रयदेवा ।
करिहैं सदा ब्रह्म की सेवा ॥

यह सुनि ब्रह्मा परम सिहाये ।
परब्रह्म के यश अति गाये ॥

सो सब विदित वेद के नामा ।
मुक्ति रुप सो परम ललामा ॥

यहि विधि प्रभु भो जनम तुम्हारा ।
पुनि तुम प्रगट कीन्ह संसारा ॥

नाम पितामह सुन्दर पायेउ ।
जड़ चेतन सब कहँ निरमायेउ ॥

लीन्ह अनेक बार अवतारा ।
सुन्दर सुयश जगत विस्तारा ॥

देवदनुज सब तुम कहँ ध्यावहिं ।
मनवांछित तुम सन सब पावहिं ॥

जो कोउ ध्यान धरै नर नारी ।
ताकी आस पुजावहु सारी ॥

पुष्कर तीर्थ परम सुखदाई ।
तहँ तुम बसहु सदा सुरराई ॥

कुण्ड नहाइ करहि जो पूजन ।
ता कर दूर होई सब दूषण ॥

Shri Brahma Chalisa

Brahma Chalisa is a devotional song based on Lord Brahma. Many people recited Brahma Chalisa on events dedicated to Lord Brahma. Lord Brahma is known as the creator of the universe.

II Doha II

Jai Brahma Jai Sayambhu,
Chaturanana Sukhamula I
Karahu Kripa Nija Dasa Pai,
Rahahu Sada Anukula II

Tuma Srijaka Brahmanda Ke,
Aja Vidhi Ghata Nama I
Vishwavidhata Kijiye,
Jana Pai Kripa Lalama II

II Chaupai II

Jai Jai Kamalasana Jagamula I
Rahahu Sada Janapai Anukula II

Rupa Chaturbhuja Parama Suhavana I
Tumhe Ahaina Chaturdika Anana II

Raktavarna Tava Subhaga Sharira |
Mastaka Jatajuta Gambhira ||

Take Upara Mukuta Virajai |
Dadhi Shveta Mahachhavi Chhajai ||

Shvetavastra Dhare Tuma Sundara |
Hai Yajnopavita Ati Manahara ||

Kanana Kundala Subhaga Virajahin |
Gala Motina Ki Mala Rajahi ||

Charihu Veda Tumhi Pragataye |
Divya Gyana Tribhuvanahi Sikhaye ||

Brahmaloka Shubha Dhama Tumhara |
Akhila Bhuvana Mahana Yasha Vistara ||

Ardhangini Tava Hai Savitri |
Apara Nama Hiye Gayatri ||

Saraswati Taba Suta Manohara |
Vina Vadini Saba Vidhi Mundara ||

Kamalasana Para Rahe Viraje |
Tuma Haribhakti Saja Saba Saje ||

Kshira Sindhu Sovata Surabhupa |
Nabhi Kamala Bho Pragata Anupa ||

Tehi Para Tuma Asina Kripala |
Sada Karahu Santana Pratipala ||

Eka Bara Ki Katha Prachari |
Tuma Kahana Moha Bhayeu Mana Bhari ||

Kamalasana Lakhi Kinha Bichara |
Aur Na Kou Ahai Sansara ||

Taba Tuma Kamalanala Gahi Linha |
Anta Vilokana Kara Prana Kinha ||

Kotika Varsha Gaye Yahi Bhanti |
Bhramata Bhramata Bite Dina Rati ||

Pai Tuma Takara Anta Na Paye |
Hwai Nirasha Atishaya Dukhiyaye ||

Puni Bichara Mana Mahana Yah Kinha |
Mahapagha Yah Ati Prachina ||

Yako Jana Bhayo Ko Karana |
Tabahi Mohi Karayo Yah Dharana ||

Akhila Bhuvana Mahana Kahana Koi Nahin |
Saba Ahai Nihita Mo Mahin ||

Yah Nishchaya Kari Garaba Badhayo |
Nija Kahana Brahma Mani Sukhapaye ||

Gagana Gira Taba Bhai Gambhira |
Brahma Vachana Sunahu Dhari Dhira ||

Sakala Srishti Kara Swami Joi |
Brahma Anadi Alakha Hai Soi ||

Nija Ichchha In Saba Niramaye |
Brahma Vishnu Mahesha Banaye ||

Srishti Lagi Pragate Trayadeva |
Saba Jaga Inki Karihai Seva ||

Mahapagha Jo Tumharo Asana |
Ta Pai Ahai Vishnu Ko Shasana ||

Vishnu Nabhitein Pragatyo Ai |
Tuma Kahan Satya Dinha Samujhai ||

Bhaitahu Jai Vishnu Hitamani |
Yah Kahi Banda Bhai Nabhavani ||

Tahi Shravana Kahi Acharaja Mana |
Puni Chaturanana Kinha Payana ||

Kamala Nala Dhari Niche Ava |
Tahana Vishnu Ke Darshana Pava ||

Shayana Karata Dekhe Surabhupa |
Shyamavarna Tanu Parama Anupa ||

Sohata Chaturabhuja Ati Sundara I
Krita Mukuta Rajata Mastaka Para II

Gala Baijanti Mala Virajai I
Koti Surya Ki Shobha Lajai II

Shankha Chakra Aru Gada Manohara I
Pagha Naga Shaiya Ati Manahara II

Divya Rupa Lakhi Kinha Pranamu I
Harshita Bhe Shripati Sukha Dhamu II

Bahu Vidhi Vinaya Kinha Chaturanana I
Taba Laxmi Pati Kaheu Mudita Mana II

Brahma Duri Karahu Abhimana I
Brahmarupa Hama Dou Samana II

Tije Shri Shivashankara Ahin I
Brahmarupa Saba Tribhuvana Manhin II

Tuma Son Hoi Srishti Vistara I
Hama Palana Karihain Sansara II

Shiva Shanhara Karahin Saba Kera I
Hama Tinahun Kahan Kaja Ghanera II

Agunarupa Shri Brahma Bakhanahu I
Nirakara Tinakahan Tuma Janahu II

Hama Sakara Rupa Traydeva |
Karihain Sada Brahma Ki Seva ||

Yah Suni Brahma Parama Sihaye |
Parabrahma Ke Yasha Ati Gaye ||

So Saba Vidita Veda Ke Nama |
Mukti Rupa So Parama Lalama ||

Yahi Vidhi Prabhu Bho Janama Tumhara |
Puni Tuma Pragata Kinha Sansara ||

Nama Pitamaha Sundara Payeu |
Jada Chetana Saba Kahan Niramayeu ||

Linha Aneka Bara Avatara |
Sundara Suyasha Jagata Vistara ||

Devadanuja Saba Tuma Kahan Dhyavahin |
Manavanchhita Tuma Sana Saba Pavahin ||

Jo Kou Dhyana Dharai Nara Nari |
Taki Asa Puravahu Sari ||

Pushkara Tirtha Parama Sukhadai |
Tahan Tuma Basahu Sada Surarai ||

Kunda Nahai Karahi Jo Pujana |
Ta Kara Dura Hoi Saba Dushana ||

श्री विष्णु चालीसा

विष्णु चालीसा एक भक्ति गीत है जो भगवान विष्णु पर आधारित है। हिन्दु मान्यतानुसार भगवान विष्णु त्रिदेवों में से एक हैं।

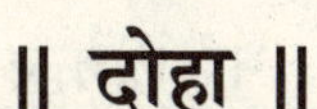

॥ दोहा ॥

विष्णु सुनिए विनय,
सेवक की चितलाय ।
कीरत कुछ वर्णन करूँ,
दीजै ज्ञान बताय ॥

॥ चौपाई ॥

नमो विष्णु भगवान खरारी ।
कष्ट नशावन अखिल बिहारी ॥

प्रबल जगत में शक्ति तुम्हारी ।
त्रिभुवन फैल रही उजियारी ॥

सुन्दर रूप मनोहर सूरत ।
सरल स्वभाव मोहनी मूरत ॥

तन पर पीताम्बर अति सोहत ।
बैजन्ती माला मन मोहत ॥

शंख चक्र कर गदा बिराजे ।
देखत दैत्य असुर दल भाजे ॥

सत्य धर्म मद लोभ न गाजे ।
काम क्रोध मद लोभ न छाजे ॥

सन्तभक्त सज्जन मनरंजन ।
दनुज असुर दुष्टन दल गंजन ॥

सुख उपजाय कष्ट सब भंजन ।
दोष मिटाय करत जन सज्जन ॥

पाप काट भव सिन्धु उतारण ।
कष्ट नाशकर भक्त उबारण ॥

करत अनेक रूप प्रभु धारण ।
केवल आप भक्ति के कारण ॥

धरणि धेनु बन तुमहिं पुकारा ।
तब तुम रूप राम का धारा ॥

भार उतार असुर दल मारा ।
रावण आदिक को संहारा ॥

आप वाराह रूप बनाया ।
हिरण्याक्ष को मार गिराया ॥

धर मत्स्य तन सिन्धु बनाया ।
चौदह रतनन को निकलाया ॥

अमिलख असुरन द्वन्द मचाया ।
रूप मोहनी आप दिखाया ॥

देवन को अमृत पान कराया ।
असुरन को छबि से बहलाया ॥

कूर्म रूप धर सिन्धु मझाया ।
मन्द्राचल गिरि तुरत उठाया ॥

शंकर का तुम फन्द छुड़ाया ।
भस्मासुर को रूप दिखाया ॥

वेदन को जब असुर डुबाया ।
कर प्रबन्ध उन्हें ढुँढवाया ॥

मोहित बनकर खलहि नचाया ।
उसही कर से भस्म कराया ॥

असुर जलंधर अति बलदाई ।
शंकर से उन कीन्ह लड़ाई ॥

हार पार शिव सकल बनाई ।
कीन सती से छल खल जाई ॥

सुमिरन कीन तुम्हें शिवरानी ।
बतलाई सब विपत कहानी ॥

तब तुम बने मुनीश्वर ज्ञानी ।
वृन्दा की सब सुरति भुलानी ॥

देखत तीन दनुज शैतानी ।
वृन्दा आय तुम्हें लपटानी ॥

हो स्पर्श धर्म क्षति मानी ।
हना असुर उर शिव शैतानी ॥

तुमने ध्रुव प्रहलाद उबारे ।
हिरणाकुश आदिक खल मारे ॥

गणिका और अजामिल तारे ।
बहुत भक्त भव सिन्धु उतारे ॥

हरहु सकल संताप हमारे ।
कृपा करहु हरि सिरजन हारे ॥

देखहुँ मैं निज दरश तुम्हारे ।
दीन बन्धु भक्तन हितकारे ॥

चहत आपका सेवक दर्शन ।
करहु दया अपनी मधुसूदन ॥

जानूं नहीं योग्य जप पूजन ।
होय यज्ञ स्तुति अनुमोदन ॥

शीलदया सन्तोष सुलक्षण ।
विदित नहीं व्रतबोध विलक्षण ॥

करहुँ आपका किस विधि पूजन ।
कुमति विलोक होत दुख भीषण ।

करहुँ प्रणाम कौन विधिसुमिरण ।
कौन भाँति मैं करहुँ समर्पण ॥

सुर मुनि करत सदा सिवकाई ।
हर्षित रहत परम गति पाई ॥

दीन दुखिन पर सदा सहाई ।
निज जन जान लेव अपनाई ॥

पाप दोष संताप नशाओ ।
भव बन्धन से मुक्त कराओ ॥

सुत सम्पति दे सुख उपजाओ ।
निज चरनन का दास बनाओ ॥

निगम सदा ये विनय सुनावै ।
पढ़ै सुनै सो जन सुख पावै ॥

Shri Vishnu Chalisa

Vishnu Chalisa is a devotional song based on Lord Vishnu. Many people recited Vishnu Chalisa on festivals dedicated to Lord Vishnu.

|| Doha ||

Vishnu Suniye Vinaya,
Sevaka Ki Chitalaya |
Kirata Kuchha Varnana Karu,
Dijai Gyana Bataya ||

|| Chaupai ||

Namo Vishnu Bhagawana Kharari |
Kashta Nashavana Akhila Bihari ||

Prabala Jagata Mein Shakti Tumhari |
Tribhuvana Phaila Rahi Ujiyari ||

Sundara Rupa Manohara Surata |
Sarala Svabhava Mohini Murata ||

Tana Para Pitambara Ati Sohata |
Baijanti Mala Mana Mohata ||

Shankha Chakra Kara Gada Biraje |
Dekhata Detaye Asura Dala Bhaje ||

Satya Dharma Mada Lobha Na Gaje |
Kama Krodha Mada Lobha Na Chhaje ||

Santabhakta Sajjana Manaranjana |
Danuja Asura Dushtana Dala Ganjana ||

Sukha Upjaye Kashta Saba Bhanjana |
Dosha Mitaye Karata Jana Sajjana ||

Papa Kata Bhava Sindhu Utarana |
Kashta Nashkara Bhakata Ubarana ||

Karata Aneka Rupa Prabhu Dharana |
Kevala Apa Bhakti Ke Karana ||

Dharani Dhenu Bana Tumhi Pukara |
Taba Tuma Rupa Rama Ka Dhara ||

Bhara Utara Asura Dala Mara |
Ravana Adika Ko Samhara ||

Apa Varaha Rupa Banaya |
Hiranyaksha Ko Mara Giraya ||

Dhara Matsya Tana Sindhu Banaya |
Chaudaha Ratanana Ko Nikalaya ||

Amilakha Asurana Dwanda Machaya ।
Rupa Mohini Apa Dikhaya ॥

Devana Ko Amrita Pana Karaya ।
Asurana Ko Chhabi Se Bahalaya ॥

Kurma Rupa Dhara Sindhu Majhaya ।
Mandrachala Giri Turata Uthaya ॥

Shankara Ka Tuma Phanda Chudaya ।
Bhasmasura Ko Rupa Dikhaya ॥

Vedana Ko Jaba Asura Dubaya ।
Kara Prabandha Unhe Dhundhawaya ॥

Mohita Bankara Khalahi Nachaya ।
Usahi Kara Se Bhasma Karaya ॥

Asura Jalandhara Ati Baladayi ।
Shankara Se Una Kinha Ladayi ॥

Hara Para Shiva Sakala Banayi ।
Kina Sati Se Chala Khala Jayi ॥

Sumirana Kina Tumhe Shivarani ।
Batalayi Saba Vipata Kahani ॥

Taba Tuma Bane Munishwara Gyani ।
Vrinda Ki Saba Surati Bhulani ॥

Dekhata Tina Danuja Shaitani |
Vrinda Aya Tumhein Laptani ||

Ho Sparsha Dharma Kshati Mani |
Hana Asura Ura Shiva Shaitani ||

Tumane Dhruru Prahalada Ubare |
Hiranakusha Adika Khala Mare ||

Ganika Aur Ajamila Tare |
Bahuta Bhakta Bhava Sindhu Utare ||

Harahu Sakala Santapa Hamare |
Kripa Karahu Kari Sirajana Hare ||

Dekhahun Main Nija Darasha Tumhare |
Dina Bandhu Bhaktana Hitkare ||

Chahata Apka Sevaka Darshana |
Karahu Daya Apni Madhusudana ||

Janu Nahi Yogya Japa Pujana |
Hoye Yagya Stuti Anumodana ||

Shiladaya Santosha Sulakshana |
Vidita Nahi Vratabodha Vilakshana ||

Karahu Apka Kisa Vidhi Pujana |
Kumati Viloka Hota Dukha Bhishana ||

Karahu Pranama Kauna Vidhisumirana I
Kauna Bhanti Main Karahu Samarpana II

Sura Muni Karata Sada Sivakayi I
Harshita Rahata Parama Gati Payi II

Dina Dukhina Para Sada Sahayi I
Nija Jana Jana Leva Apanayi II

Papa Dosha Santapa Nashao I
Bhava Bandhana Se Mukta Karao II

Suta Sampati De Sukha Upjao I
Nija Charanana Ka Dasa Banao II

Nigama Sada Ye Vinaya Sunavai I
Padhai Sunai So Jana Sukha Pavai II

श्री शिव चालीसा

शिव चालीसा एक भक्ति गीत है जो भगवान शिव पर आधारित है। शिव चालीसा एक लोकप्रिय प्रार्थना है जो 40 छन्दों से बनी है। कई लोग प्रतिदिन अथवा महा शिवरात्रि सहित भगवान शिव को समर्पित अन्य त्योहारों पर शिव चालीसा का पाठ करते हैं।

॥ दोहा ॥

जय गणेश गिरिजा सुवन, मंगल मूल सुजान ।
कहत अयोध्यादास तुम, देहु अभय वरदान ॥

॥ चौपाई ॥

जय गिरिजा पति दीन दयाला ।
सदा करत सन्तन प्रतिपाला ॥

भाल चन्द्रमा सोहत नीके ।
कानन कुण्डल नागफनी के ॥

अंग गौर शिर गंग बहाये ।
मुण्डमाल तन क्षार लगाए ॥

वस्त्र खाल बाघम्बर सोहे ।
छवि को देखि नाग मन मोहे ॥

मैना मातु की हवे दुलारी ।
बाम अंग सोहत छवि न्यारी ॥

कर त्रिशूल सोहत छवि भारी ।
करत सदा शत्रुन क्षयकारी ॥

नन्दि गणेश सोहै तहँ कैसे ।
सागर मध्य कमल हैं जैसे ॥

कार्तिक श्याम और गणराऊ ।
या छवि को कहि जात न काऊ ॥

देवन जबहीं जाय पुकारा ।
तब ही दुख प्रभु आप निवारा ॥

किया उपद्रव तारक भारी ।
देवन सब मिलि तुमहिं जुहारी ॥

तुरत षडानन आप पठायउ ।
लवनिमेष महँ मारि गिरायउ ॥

आप जलंधर असुर संहारा ।
सुयश तुम्हार विदित संसारा ॥

त्रिपुरासुर सन युद्ध मचाई ।
सबहिं कृपा कर लीन बचाई ॥

किया तपहिं भागीरथ भारी ।
पुरब प्रतिज्ञा तासु पुरारी ॥

दानिन महँ तुम सम कोउ नाहीं ।
सेवक स्तुति करत सदाहीं ॥

वेद माहि महिमा तुम गाई ।
अकथ अनादि भेद नहिं पाई ॥

प्रकटी उदधि मंथन में ज्वाला ।
जरत सुरासुर भए विहाला ॥

कीन्ही दया तहं करी सहाई ।
नीलकण्ठ तब नाम कहाई ॥

पूजन रामचन्द्र जब कीन्हा ।
जीत के लंक विभीषण दीन्हा ॥

सहस कमल में हो रहे धारी ।
कीन्ह परीक्षा तबहिं पुरारी ॥

एक कमल प्रभु राखेउ जोई ।
कमल नयन पूजन चहं सोई ॥

कठिन भक्ति देखी प्रभु शंकर ।
भए प्रसन्न दिए इच्छित वर ॥

जय जय जय अनन्त अविनाशी ।
करत कृपा सब के घटवासी ॥

दुष्ट सकल नित मोहि सतावै ।
भ्रमत रहौं मोहि चैन न आवै ॥

त्राहि त्राहि मैं नाथ पुकारो ।
येहि अवसर मोहि आन उबारो ॥

लै त्रिशूल शत्रुन को मारो ।
संकट ते मोहि आन उबारो ॥

मात-पिता भ्राता सब होई ।
संकट में पूछत नहिं कोई ॥

स्वामी एक है आस तुम्हारी ।
आय हरहु मम संकट भारी ॥

धन निर्धन को देत सदा हीं ।
जो कोई जांचे सो फल पाहीं ॥

अस्तुति केहि विधि करैं तुम्हारी ।
क्षमहु नाथ अब चूक हमारी ॥

शंकर हो संकट के नाशन ।
मंगल कारण विघ्न विनाशन ॥

योगी यति मुनि ध्यान लगावैं ।
शारद नारद शीश नवावैं ॥

नमो नमो जय नमः शिवाय ।
सुर ब्रह्मादिक पार न पाय ॥

जो यह पाठ करे मन लाई ।
ता पर होत है शम्भु सहाई ॥

ऋनियां जो कोई हो अधिकारी ।
पाठ करे सो पावन हारी ॥

पुत्र होन कर इच्छा जोई ।
निश्चय शिव प्रसाद तेहि होई ॥

पण्डित त्रयोदशी को लावे ।
ध्यान पूर्वक होम करावे ॥

त्रयोदशी व्रत करै हमेशा ।
ताके तन नहीं रहै कलेशा ॥

धूप दीप नैवेद्य चढ़ावे ।
शंकर सम्मुख पाठ सुनावे ॥

जन्म जन्म के पाप नसावे ।
अन्त धाम शिवपुर में पावे ॥

कहैं अयोध्यादास आस तुम्हारी ।
जानि सकल दुःख हरहु हमारी ॥

॥ दोहा ॥

नित्त नेम उठि प्रातः ही, पाठ करो चालीसा ।
तुम मेरी मनोकामना, पूर्ण करो जगदीश ॥

मगसिर छठि हेमन्त ऋतु, संवत चौसठ जान ।
स्तुति चालीसा शिवहि, पूर्ण कीन कल्याण ॥

Shri Shiva Chalisa

Shiva Chalisa is a devotional song based on Lord Shiva. It is a popular prayer composed of 40 verses and recited daily or on special festivals dedicated to Lord Shiva.

|| Doha ||

Jai Ganesha Girija Suvana,
Mangala Mula Sujana |
Kahata Ayodhyadasa Tuma,
Dehu Abhaya Varadana ||

|| Chaupai ||

Jai Girija Pati Dinadayala |
Sada Karata Santana Pratipala ||

Bhala Chandrama Sohata Nike |
Kanana Kundala Nagaphani Ke ||

Anga Gaura Shira Ganga Bahaye |
Mundamala Tana Chhara Lagaye ||

Vastra Khala Baghambara Sohe |
Chhavi Ko Dekha Naga Mana Mohe ||

Maina Matu Ki Have Dulari |
Bama Anga Sohata Chhavi Nyari ||

Kara Trishula Sohata Chhavi Bhari |
Karata Sada Shatruna Kshayakari ||

Nandi Ganesha Sohain Tahan Kaise |
Sagara Madhya Kamala Hain Jaise ||

Kartika Shyama Aura Ganarau |
Ya Chhavi Ko Kahi Jata Na Kau ||

Devana Jabahi Jai Pukara |
Tabahi Dukha Prabhu Apa Nivara ||

Kiya Upadrava Taraka Bhari |
Devana Saba Mili Tumahin Juhari ||

Turata Shadanana Apa Pathayau |
Luvanimesha Mahan Mari Girayau ||

Apa Jalandhara Asura Sanhara |
Suyasha Tumhara Vidita Sansara ||

Tripurasura Sana Yudha Machayi |
Sabhin Kripakara Lina Bachayi ||

Kiya Tapahin Bhagiratha Bhari |
Puraba Pratigya Tasu Purari ||

Danina Mahan Tuma Sama Kou Nahin |
Sevaka Stuti Karata Sadahin ||

Veda Mahi Mahima Tuma Gayi |
Akatha Anandi Bheda Nahin Payi ||

Prakati Udadhi Manthana Mein Jwala |
Jarata Surasura Bhae Bihala ||

Kinhi Daya Tahan Kari Sahayi |
Nilakantha Taba Nama Kahayi ||

Pujana Ramachandra Jaba Kinha |
Jita Ke Lanka Vibhishana Dinha ||

Sahasa Kamala Mein Ho Rahe Dhari |
Kinha Pariksha Tabahin Purari ||

Eka Kamala Prabhu Rakheu Joi |
Kamala Nayana Pujana Chahan Soi ||

Kathina Bhakti Dekhi Prabhu Shankara |
Bhae Prasanna Diye Ichchhita Vara ||

Jai Jai Jai Ananta Avinashi |
Karata Kripa Sabake Ghatavasi ||

Dushta Sakala Nita Mohi Satavai |
Bhramata Rahaun Mohi Chaina Na Avai ||

Trahi Trahi Main Natha Pukaro |
Yahi Avasara Mohi Ana Ubaro ||

Lai Trishula Shatruna Ko Maro |
Sankata Te Mohi Ana Ubaro ||

Mata Pita Bhrata Saba Hoi |
Sankata Mein Puchhata Nahin Koi ||

Swami Eka Hai Asha Tumhari |
Aya Harahu Mama Sankata Bhari ||

Dhana Nirdhana Ko Deta Sada Hin |
Jo Koi Janche So Phala Pahin ||

Astuti Kehi Vidhi Karai Tumhari |
Kshamahu Natha Aba Chuka Hamari ||

Shankara Ho Sankata Ke Nashana |
Mangala Karana Vighna Vinashana ||

Yogi Yati Muni Dhyana Lagavain |
Sharada Narada Shisha Navavain ||

Namo Namo Jai Namah Shivaya |
Sura Brahmadika Para Na Paya ||

Jo Yah Patha Karai Mana Layi |
Ta Para Hota Hai Shambhu Sahayi ||

Riniyan Jo Koi Ho Adhikari |
Patha Kare So Pavana Hari ||

Putra Hona Kara Ichchha Koi |
Nishchaya Shiva Prasada Tehi Hoi ||

Pandita Trayodashi Ko Lave |
Dhyana Purvaka Homa Karave ||

Trayodashi Vrata Karai Hamesha |
Take Tana Nahin Rahai Kalesha ||

Dhupa Dipa Naivedya Chadhave |
Shankara Sammukha Patha Sunave ||

Janma Janma Ke Papa Nasave |
Anta Dhama Shivapura Mein Pave ||

Kahain Ayodhyadasa Asa Tumhari |
Jani Sakala Dukha Harahu Hamari ||

|| Doha ||

Nitta Nema Uthi Pratah Hi,
Patha Karo Chalisa |
Tuma Meri Manakamana,
Purna Karo Jagadisha ||

Magasira Chhathi Hemanta Ritu,
Samvata Chausatha Jana |
Stuti Chalisa Shivahi,
Purna Kina Kalyana ||

श्री हनुमान चालीसा

हनुमान चालीसा एक भक्ति गीत है जो भगवान हनुमान, जो कि एक आदर्श भक्त के रूप में जाने जाते है, पर आधारित है। यह चालीसा गोस्वामी तुलसीदास द्वारा अवधी भाषा में लिखी गई एक कविता है। चालीसा शब्द हिन्दी में चालीस से लिया गया है, जिसका अर्थ 40 है, क्योंकि हनुमान चालीसा में 40 छन्द होते हैं।

॥ दोहा ॥

श्री गुरु चरन सरोज रज़,
निज मनु मुकुर सुधारि ।
बरनउं रघुबर विमल जसु,
जो दायकु फल चारि ॥

बुद्धिहीन तनु जानिकै,
सुमिरौं पवन-कुमार ।
बल बुद्धि विद्या देहु मोहिं,
हरहु कलेश विकार ॥

॥ चौपाई ॥

जय हनुमान ज्ञान गुण सागर।
जय कपीस तिहुँ लोक उजागर ॥

राम दूत अतुलित बल धामा ।
अंजनि-पुत्र पवनसुत नामा ॥

महावीर विक्रम बजरंगी ।
कुमति निवार सुमति के संगी ॥

कंचन बरन बिराज सुवेसा ।
कानन कुण्डल कुंचित केसा ॥

हाथ वज्र औ ध्वजा बिराजै ।
काँधे मूँज जनेऊ साजै ॥

शंकर सुवन केसरीनन्दन ।
तेज प्रताप महा जग वन्दन ॥

विद्यावान गुणी अति चातुर ।
राम काज करिबे को आतुर ॥

प्रभु चरित्र सुनिबे को रसिया ।
राम लखन सीता मन बसिया ॥

सूक्ष्म रुप धरि सियहिं दिखावा ।
विकट रुप धरि लंक जरावा ॥

भीम रुप धरि असुर संहारे ।
रामचन्द्र के काज संवारे ॥

लाय सजीवन लखन जियाये ।
श्रीरघुवीर हरषि उर लाये ॥

रघुपति कीन्ही बहुत बड़ाई ।
तुम मम प्रिय भरतहि सम भाई ॥

सहस बदन तुम्हरो यश गावैं ।
अस कहि श्री पति कंठ लगावैं ॥

सनकादिक ब्रह्मादि मुनीसा ।
नारद सारद सहित अहीसा ॥

जम कुबेर दिकपाल जहां ते ।
कवि कोबिद कहि सके कहां ते ॥

तुम उपकार सुग्रीवहिं कीन्हा ।
राम मिलाय राज पद दीन्हा ॥

तुम्हरो मन्त्र विभीषन माना ।
लंकेश्वर भये सब जग जाना ॥

जुग सहस्र योजन पर भानू ।
लील्यो ताहि मधुर फल जानू ॥

प्रभु मुद्रिका मेलि मुख माहीं ।
जलधि लांघि गए अचरज नाहीं ॥

दुर्गम काज जगत के जेते ।
सुगम अनुग्रह तुम्हरे तेते ॥

राम दुआरे तुम रखवारे ।
होत न आज्ञा बिनु पैसारे ॥

सब सुख लहै तुम्हारी सरना ।
तुम रक्षक काहू को डरना ॥

आपन तेज सम्हारो आपै ।
तीनों लोक हांक तें कांपै ॥

भूत पिशाच निकट नहिं आवै ।
महावीर जब नाम सुनावै ॥

नासै रोग हरै सब पीरा ।
जपत निरंतर हनुमत बीरा ॥

संकट ते हनुमान छुड़ावै ।
मन क्रम वचन ध्यान जो लावै ॥

सब पर राम तपस्वी राजा ।
तिन के काज सकल तुम साजा ॥

और मनोरथ जो कोई लावै ।
सोइ अमित जीवन फल पावै ॥

चारों जुग परताप तुम्हारा ।
है परसिद्ध जगत उजियारा ॥

साधु सन्त के तुम रखवारे ।
असुर निकन्दन राम दुलारे ॥

अष्ट सिद्धि नवनिधि के दाता ।
अस बर दीन जानकी माता ॥

राम रसायन तुम्हरे पासा ।
सदा रहो रघुपति के दासा ॥

तुम्हरे भजन राम को पावै ।
जनम जनम के दुख बिसरावै ॥

अन्तकाल रघुबर पुर जाई ।
जहाँ जन्म हरि-भक्त कहाई ॥

और देवता चित्त न धरई ।
हनुमत सेई सर्व सुख करई ॥

संकट कटै मिटै सब पीरा ।
जो सुमिरै हनुमत बलबीरा ॥

जय जय जय हनुमान गोसाई ।
कृपा करहु गुरुदेव की नाई ॥

जो शत बार पाठ कर कोई ।
छूटहिं बंदि महा सुख होई ॥

जो यह पढ़ै हनुमान चालीसा ।
होय सिद्धि साखी गौरीसा ॥

तुलसीदास सदा हरि चेरा ।
कीजै नाथ हृदय महँ डेरा ॥

॥ दोहा ॥

पवनतनय संकट हरन,
मंगल मूरति रुप ।
राम लखन सीता सहित,
हृदय बसहु सुर भूप ॥

Shri Hanuman Chalisa

Hanuman Chalisa is a devotional song based on Lord Hanuman as the model devotee. It is a poem written by Goswami Tulsidas in the Awadhi language. The word Chalisa is derived from Chalis in Hindi, which means 40, as the Hanuman Chalisa has 40 verses.

|| Doha ||

Shri Guru Charan Saroj Raj,
Nij Manu Mukuru Sudhari |
Barnau Raghubar Bimal Jasu,
Jo Dayeku Phal Chari ||

Buddhihina Tanu Janike,
Sumirau Pavan-Kumara |
Bal Buddhi Bidya Dehu Mohi,
Harahu Kales Bikara ||

|| Chaupai ||

Jai Hanuman Gyana Guna Sagara |
Jai Kapisa Tihun Loka Ujagara ||

Rama Duta Atulita Bala Dhama |
Anjani-Putra Pavansuta Nama ||

Mahabira Bikrama Bajrangi |
Kumati Nivara Sumati Ke Sangi ||

Kanchana Barana Biraja Subesa |
Kanana Kundala Kunchita Kesa ||

Hatha Bajra Au Dhwaja Biraje |
Kandhe Munja Janeu Saje ||

Sankara Suvana Kesarinandana |
Teja Pratapa Maha Jaga Bandana ||

Bidyabana Guni Ati Chatura |
Rama Kaja Karibe Ko Atura ||

Prabhu Charitra Sunibe Ko Rasiya |
Rama Lakhan Sita Mana Basiya ||

Sukshma Rupa Dhari Siyahin Dikhawa |
Bikata Rupa Dhari Lanka Jarawa ||

Bhima Rupa Dhari Asura Sanhare |
Ramchandra Ke Kaja Sanware ||

Laye Sajivan Lakhan Jiyaye |
Shri Raghubira Harashi Ur Laye ||

Raghupati Keenhi Bahut Badayi ।
Tuma Muma Priya Bharata Hi Sama Bhai ॥

Sahasa Badana Tumhro Jasa Gavain ।
Asa Kahi Shripati Kantha Lagavain ॥

Sanakadika Bramhadi Munisa ।
Narada Sarada Sahita Ahisa ॥

Jama Kubera Digpala Jahan Te ।
Kabi Kobida Kahi Sake Kahan Te ॥

Tuma Upkara Sugrivhin Kinha ।
Rama Milaye Rajapada Dinha ॥

Tumhro Mantra Vibhishana Mana ।
Lankeswara Bhaye Sab Jag Jana ॥

Juga Sahasra Jojana Para Bhanu ।
Lilyo Tahi Madhura Phala Janu ॥

Prabhu Mudrika Meli Mukha Mahi ।
Jaldhi Langhi Gaye Achraja Nahi ॥

Durgama Kaja Jagata Ke Jete ।
Sugama Anugraha Tumhre Tete ॥

Rama Duare Tuma Rakhware ।
Hota Na Agya Binu Paisare ॥

Saba Sukha Lahai Tumhari Sarna |
Tuma Rakshaka Kahu Ko Darna ||

Apana Teja Samharo Apai |
Tino Loka Hanka Te Kanpen ||

Bhuta Pisacha Nikata Nahi Ave |
Mahabira Jaba Nama Sunave ||

Nasai Roga Harai Saba Pira |
Japata Nirantara Hanumata Bira ||

Sankata Te Hanuman Chhudave |
Mana Krama Bachana Dhyana Jo Lave ||

Saba Para Rama Tapasvi Raja |
Tina Ke Kaja Sakala Tuma Saja ||

Aura Manoratha Jo Koi Lave |
Soi Amita Jivana Phala Pave ||

Charo Juga Partapa Tumhara |
Hai Parsiddha Jagata Ujiyara ||

Sadhu Santa Ke Tuma Rakhware |
Asura Nikandana Rama Dulare ||

Ashta Siddhi Nau Nidhi Ke Data |
Asa Bara Dina Janaki Mata ||

Rama Rasayana Tumhre Pasa |
Sada Raho Raghupati Ke Dasa ||

Tumhre Bhajana Rama Ko Pave I
Janma Janma Ke Dukha Bisrave II

Antakala Raghubara Pura Jayi I
Jahan Janma Hari-Bhakta Kahayi II

Aur Devata Chitta Na Dharayi I
Hanumata Sei Sarb Sukh Karayi II

Sankata Kate Mite Saba Pira I
Jo Sumirai Hanumata Balbira II

Jai Jai Jai Hanuman Gosayi I
Kripa Karahun Gurudeva Ki Nayi II

Jo Sata Bara Patha Kara Koi I
Chhutahin Bandi Maha Sukha Hoyi II

Jo Yeh Padhe Hanuman Chalisa I
Hoye Siddhi Sakhi Gaurisa II

Tulsidasa Sada Harichera I
Kije Natha Hridaya Mahn Dera II

II Doha II

Pavantanaye Sankata Harana,
Mangala Murti Rupa I
Rama Lakhan Sita Sahit,
Hridaya Basahu Sura Bhupa II

श्री गणेश चालीसा

गणेश चालीसा भगवान गणेश की महिमा के लिए एक भक्ति गीत है। यह अवधी भाषा में लिखी गई एक कविता है। गणेश चालीसा ने हिन्दुओं के बीच काफी लोकप्रियता हासिल की है। उनमें से कई लोग इसे प्रार्थना के रूप में प्रतिदिन पढ़ते हैं। भगवान गणपति को समर्पित कई और भी चालीसाएं हैं। हमने भगवान गणेश की एक लोकप्रिय चालीसा दी है।

॥ दोहा ॥

जय गणपति सदगुण सदन,
कविवर बदन कृपाल ।
विघ्न हरण मंगल करण,
जय जय गिरिजालाल ॥

॥ चौपाई ॥

जय जय जय गणपति गणराजू ।
मंगल भरण करण शुभ काजू ॥

जै गजबदन सदन सुखदाता ।
विश्व विनायका बुद्धि विधाता ॥

वक्र तुण्ड शुची शुण्ड सुहावना ।
तिलक त्रिपुण्ड भाल मन भावन ॥

राजत मणि मुक्तन उर माला ।
स्वर्ण मुकुट शिर नयन विशाला ॥

पुस्तक पाणि कुठार त्रिशूलं ।
मोदक भोग सुगन्धित फूलं ॥

सुन्दर पीताम्बर तन साजित ।
चरण पादुका मुनि मन राजित ॥

धनि शिव सुवन षडानन भ्राता ।
गौरी लालन विश्व-विख्याता ॥

ऋद्धि-सिद्धि तव चंवर सुधारे ।
मुषक वाहन सोहत द्वारे ॥

कहौ जन्म शुभ कथा तुम्हारी ।
अति शुची पावन मंगलकारी ॥

एक समय गिरिराज कुमारी ।
पुत्र हेतु तप कीन्हा भारी ॥

भयो यज्ञ जब पूर्ण अनूपा ।
तब पहुंच्यो तुम धरी द्विज रूपा ॥

अतिथि जानी के गौरी सुखारी ।
बहुविधि सेवा करी तुम्हारी ॥

अति प्रसन्न हवै तुम वर दीन्हा ।
मातु पुत्र हित जो तप कीन्हा ॥

मिलहि पुत्र तुहि, बुद्धि विशाला ।
बिना गर्भ धारण यहि काला ॥

गणनायक गुण ज्ञान निधाना ।
पूजित प्रथम रूप भगवाना ॥

अस कही अन्तर्धान रूप हवै ।
पालना पर बालक स्वरूप हवै ॥

बनि शिशु रुदन जबहिं तुम ठाना ।
लखि मुख सुख नहिं गौरी समाना ॥

सकल मगन, सुखमंगल गावहिं ।
नाभ ते सुरन, सुमन वर्षावहिं ॥

शम्भु, उमा, बहुदान लुटावहिं ।
सुर मुनिजन, सुत देखन आवहिं ॥

लखि अति आनन्द मंगल साजा ।
देखन भी आये शनि राजा ॥

निज अवगुण गुनि शनि मन माहीं ।
बालक, देखन चाहत नाहीं ॥

गिरिजा कछु मन भेद बढ़ायो ।
उत्सव मोर, न शनि तुही भायो ॥

कहत लगे शनि, मन सकुचाई ।
का करिहौ, शिशु मोहि दिखाई ॥

नहिं विश्वास, उमा उर भयऊ ।
शनि सों बालक देखन कहयऊ ॥

पदतहिं शनि दृग कोण प्रकाशा ।
बालक सिर उड़ि गयो अकाशा ॥

गिरिजा गिरी विकल ह्वै धरणी ।
सो दुःख दशा गयो नहीं वरणी ॥

हाहाकार मच्यौ कैलाशा ।
शनि कीन्हों लखि सुत को नाशा ॥

तुरत गरुड़ चढ़ि विष्णु सिधायो ।
काटी चक्र सो गज सिर लाये ॥

बालक के धड़ ऊपर धारयो ।
प्राण मन्त्र पढ़ि शंकर डारयो ॥

नाम गणेश शम्भु तब कीन्हे ।
प्रथम पूज्य बुद्धि निधि, वर दीन्हे ॥

बुद्धि परीक्षा जब शिव कीन्हा ।
पृथ्वी कर प्रदक्षिणा लीन्हा ॥

चले षडानन, भरमि भुलाई ।
रचे बैठ तुम बुद्धि उपाई ॥

चरण मातु-पितु के धर लीन्हें ।
तिनके सात प्रदक्षिण कीन्हें ॥

धनि गणेश कही शिव हिये हरषे ।
नभ ते सुरन सुमन बहु बरसे ॥

तुम्हरी महिमा बुद्धि बड़ाई ।
शेष सहसमुख सके न गाई ॥

मैं मतिहीन मलीन दुखारी ।
करहूं कौन विधि विनय तुम्हारी ॥

भजत रामसुन्दर प्रभुदासा ।
जग प्रयाग, ककरा, दुर्वासा ॥

अब प्रभु दया दीन पर कीजै ।
अपनी शक्ति भक्ति कुछ दीजै ॥

॥ दोहा ॥

श्री गणेश यह चालीसा,
पाठ करै कर ध्यान ।
नित नव मंगल गृह बसै,
लहे जगत सन्मान ॥

सम्बन्ध अपने सहस्र दश,
ऋषि पंचमी दिनेश ।
पूरण चालीसा भयो,
मंगल मूर्ती गणेश ॥

Shri Ganesha Chalisa

Ganesha Chalisa is a devotional song to glorify Lord Ganesha. It is a poem written in the Awadhi language. The Ganesha Chalisa has gained enormous popularity among Hindus. Many of them recite it daily as a prayer.

There are several Chalisas that are dedicated to Lord Ganapati. We have given one of the popular Chalisas of Lord Ganesha here.

|| Doha ||

Jai Ganapati Sadhguna Sadana,
Kavi Vara Badana Kripala |
Vighna Harana Mangala Karana,
Jai Jai Girija Lala ||

|| Chaupai ||

Jai Jai Jai Ganapati Gana Raju |
Mangala Bharana Karana Shubha Kaju ||

Jai Gajabadana Sadana Sukhadata |
Vishva Vinayaka Buddhi Vidhata ||

Vakra Tunda Shuchi Shunda Suhavana |
Tilaka Tripunda Bhala Mana Bhavana ||

Rajata Mani Muktana Ura Mala |
Svarna Mukuta Shira Nayana Vishala ||

Pustaka Pani Kuthara Trishulama |
Modaka Bhoga Sugandhita Phulama ||

Sundara Pitambara Tana Sajita |
Charana Paduka Muni Mana Rajita ||

Dhani Shiva Suvana Shadanana Bhrata |
Gauri Lalana Vishva-Vidhata ||

Riddhi Siddhi Tava Chanvara Sudhare |
Mushaka Vahana Sohata Dvare ||

Kahaun Janma Shubha Katha Tumhari |
Ati Shuchi Pavana Mangala Kari ||

Eka Samaya Giriraja Kumari |
Putra Hetu Tapa Kinha Bhari ||

Bhayo Yagya Jaba Purna Anupa |
Taba Pahunchyo Tuma Dhari Dvija Rupa ||

Atithi Jani Kai Gauri Sukhari |
Bahuvidhi Seva Kari Tumhari ||

Ati Prasanna Hvai Tuma Vara Dinha I
Matu Putra Hita Jo Tapa Kinha II

Milahi Putra Tuhi Buddhi Vishala I
Bina Garbha Dharana Yahi Kala II

Gananayaka, Guna Gyana Nidhana I
Pujita Prathama Rupa Bhagavana II

Asa Kahi Antardhyana Rupa Hvai I
Palana Para Balaka Svarupa Hvai II

Bani Shishu Rudana Jabahi Tuma Thana I
Lakhi Mukha Sukha Nahin Gauri Samana II

Sakala Magana, Sukha Mangala Gavahin I
Nabha Te Surana Sumana Varshavahin II

Shambhu Uma, Bahu Dana Lutavahin I
Sura Munijana, Suta Dekhana Avahin II

Lakhi Ati Ananda Mangala Saja I
Dekhana Bhi Aye Shani Raja II

Nija Avaguna Guni Shani Mana Mahin I
Balaka, Dekhana Chahata Nahin II

Girija Kachhu Mana Bheda Badhayo I
Utsava Mora Na Shani Tuhi Bhayo II

Kahata Lage Shani, Mana Sakuchayi |
Ka Karihau, Shishu Mohi Dikhayi ||

Nahin Vishvasa, Uma Ur Bhayau |
Shani So Balaka Dekhana Kahyau ||

Padatahin, Shani Driga Kona Prakasha |
Balaka Shira Udi Gayo Akasha ||

Girija Giri Vikala Hvai Dharani |
So Dukha Dasha Gayo Nahin Varani ||

Hahakara Machyo Kailasha |
Shani Kinhyon Lakhi Suta Ka Nasha ||

Turata Garuda Chadhi Vishnu Sidhaye |
Kati Chakra So Gaja Shira Laye ||

Balaka Ke Dhada Upara Dharayo |
Prana Mantra Padhi Shankara Darayo ||

Nama 'Ganesha' Shambhu Taba Kinhe |
Prathama Pujya Buddhi Nidhi, Vara Dinhe ||

Buddhi Pariksha Jaba Shiva Kinha |
Prithvi Kar Pradakshina Linha ||

Chale Shadanana, Bharami Bhulayi |
Rachi Baitha Tuma Buddhi Upayi ||

Charana Matu-Pitu Ke Dhara Linhen I
Tinake Sata Pradakshina Kinhen II

Dhani Ganesha, Kahi Shiva Hiya Harashe I
Nabha Te Surana Sumana Bahu Barase II II

Tumhari Mahima Buddhi Badayi I
Shesha Sahasa Mukha Sake Na Gayi II

Main Mati Hina Malina Dukhari I
Karahun Kauna Vidhi Vinaya Tumhari II

Bhajata 'Ramasundara' Prabhudasa I
Lakha Prayaga, Kakara, Durvasa II

Aba Prabhu Daya Dina Para Kijai I
Apani Bhakti Shakti Kuchhu Dijai II

II Doha II

Shri Ganesha Yah Chalisa,
Patha Karai Dhari Dhyana I
Nita Nava Mangala Gruha Bashe,
Lahi Jagata Sanmana II

Sambandha Apne Sahasra Dasha,
Rishi Panchami Dinesha I
Purana Chalisa Bhayo,
Mangala Murti Ganesha II

विष्णु के अवतार परशुराम, राम और कृष्ण की चालीसा

श्री परशुराम चालीसा

श्री परशुराम चालीसा एक भक्ति गीत है जो श्री परशुराम पर आधारित है।

॥ दोहा ॥

श्री गुरु चरण सरोज छवि,
निज मन मन्दिर धारि ।
सुमरि गजानन शारदा,
गहि आशिष त्रिपुरारि ॥

बुद्धिहीन जन जानिये,
अवगुणों का भण्डार ।
बरणों परशुराम सुयश,
निज मति के अनुसार ॥

॥ चौपाई ॥

जय प्रभु परशुराम सुख सागर ।
जय मुनीश गुण ज्ञान दिवाकर ॥

भृगुकुल मुकुट विकट रणधीरा ।
क्षत्रिय तेज मुख संत शरीरा ॥

जमदग्नी सुत रेणुका जाया ।
तेज प्रताप सकल जग छाया ॥

मास बैसाख सित पच्छ उदारा ।
तृतीया पुनर्वसु मनुहारा ॥

प्रहर प्रथम निशा शीत न घामा ।
तिथि प्रदोष व्यापि सुखधामा ॥

तब ऋषि कुटीर रुदन शिशु कीन्हा ।
रेणुका कोखि जनम हरि लीन्हा ॥

निज घर उच्च ग्रह छः ठाढ़े ।
मिथुन राशि राहु सुख गाढ़े ॥

तेज-ज्ञान मिल नर तनु धारा ।
जमदग्नी घर ब्रह्म अवतारा ॥

धरा राम शिशु पावन नामा ।
नाम जपत जग लह विश्रामा ॥

भाल त्रिपुण्ड जटा सिर सुन्दर ।
कांधे मुंज जनेऊ मनहर ॥

मंजु मेखला कटि मृगछाला ।
रुद्र माला बर वक्ष विशाला ॥

पीत बसन सुन्दर तनु सोहें ।
कंध तुणीर धनुष मन मोहें ॥

वेद-पुराण-श्रुति-स्मृति ज्ञाता ।
क्रोध रूप तुम जग विख्याता ॥

दायें हाथ श्रीपरशु उठावा ।
वेद-संहिता बायें सुहावा ॥

विद्यावान गुण ज्ञान अपारा ।
शास्त्र-शस्त्र दोउ पर अधिकारा ॥

भुवन चारिदस अरु नवखंडा ।
चहुं दिशि सुयश प्रताप प्रचंडा ॥

एक बार गणपति के संगा ।
जूझे भृगुकुल कमल पतंगा ॥

दांत तोड़ रण कीन्ह विरामा ।
एक दंत गणपति भयो नामा ॥

कार्तवीर्य अर्जुन भूपाला ।
सहस्रबाहु दुर्जन विकराला ॥

सुरगऊ लखि जमदग्नी पांहीं ।
रखिहहुं निज घर ठानि मन मांहीं ॥

मिली न मांगि तब कीन्ह लड़ाई ।
भयो पराजित जगत हंसाई ॥

तन खल हृदय भई रिस गाढ़ी ।
रिपुता मुनि सौं अतिसय बाढ़ी ॥

ऋषिवर रहे ध्यान लवलीना ।
तिन्ह पर शक्तिघात नृप कीन्हा ॥

लगत शक्ति जमदग्नी निपाता ।
मनहुं क्षत्रिकुल बाम विधाता ॥

पितु-बध मातु-रूदन सुनि भारा ।
भा अति क्रोध मन शोक अपारा ॥

कर गहि तीक्षण परशु कराला ।
दुष्ट हनन कीन्हेउ तत्काला ॥

क्षत्रिय रुधिर पितु तर्पण कीन्हा ।
पितु-बध प्रतिशोध सुत लीन्हा ॥

इक्कीस बार भू क्षत्रिय बिहीनी ।
छीन धरा बिप्रन्ह कहँ दीनी ॥

जुग त्रेता कर चरित सुहाई ।
शिव-धनु भंग कीन्ह रघुराई ॥

गुरु धनु भंजक रिपु करि जाना ।
तब समूल नाश ताहि ठाना ॥

कर जोरि तब राम रघुराई ।
बिनय कीन्ही पुनि शक्ति दिखाई ॥

भीष्म द्रोण कर्ण बलवन्ता ।
भये शिष्य द्वापर महँ अनन्ता ॥

शास्त्र विद्या देह सुयश कमावा ।
गुरु प्रताप दिगन्त फिरावा ॥

चारों युग तव महिमा गाई ।
सुर मुनि मनुज दनुज समुदाई ॥

दे कश्यप सों संपदा भाई ।
तप कीन्हा महेन्द्र गिरि जाई ॥

अब लौं लीन समाधि नाथा ।
सकल लोक नावइ नित माथा ॥

चारों वर्ण एक सम जाना ।
समदर्शी प्रभु तुम भगवाना ॥

ललहिं चारि फल शरण तुम्हारी ।
देव दनुज नर भूप भिखारी ॥

जो यह पढ़ै श्री परशु चालीसा ।
तिन्ह अनुकूल सदा गौरीसा ॥

पृर्णेन्दु निसि बासर स्वामी ।
बसहु हृदय प्रभु अन्तरयामी ॥

॥ दोहा ॥

परशुराम को चारु चरित,
मेटत सकल अज्ञान ।
शरण पड़े को देत प्रभु,
सदा सुयश सम्मान ॥

॥ श्लोक ॥

भृगुदेव कुलं भानुं,
सहस्रबाहुर्मर्दनम् ।
रेणुका नयना नंदं,
परशुंवन्दे विप्रधनम् ॥

Shri Parashurama Chalisa

Parashurama Chalisa is a devotional song based on Shri Parashurama. Many people recited Parashurama Chalisa on festivals dedicated to Shri Parashurama.

|| Doha ||

Shri Guru Charana Saroja Chhavi,
Nija Mana Mandira Dhari |
Sumahi Gajanana Sharada,
Gahi Ashish Tripurari ||

Buddhihina Jana Janiye,
Avaguno Ka Bhandara |
Barano Parashurama Suyasha,
Nija Mati Ke Anusara ||

|| Chaupai ||

Jai Prabhu Parashurama Sukha Sagara |
Jai Munisha Guna Gyana Divakara ||

Bhrigukula Mukuta Vikata Ranadhira |
Kshatriya Teja Mukha Santa Sharira ||

Jamadagni Suta Renuka Jaya |
Teja Pratapa Sakala Jaga Chhaya ||

Masa Vaishakha Sita Pachchha Udara |
Tritiya Punarvasu Manuhara ||

Prahara Prathama Nisha Shita Na Ghama |
Tithi Pradosha Byapi Sukhadhama ||

Taba Rishi Kutira Rudana Shishu Kinha |
Renuka Kokhi Janama Hari Linha ||

Nija Ghara Uchcha Graha Chhah Thade |
Mithuna Rashi Rahu Sukha Gadhe ||

Teja-Gyana Mila Nara Tanu Dhara |
Jamadgani Ghara Brahma Avatara ||

Dhara Rama Shishu Pavana Nama |
Nama Japata Jaga Laha Vishrama ||

Bhala Tripunda Jata Sira Sundara |
Kandhe Munja Janeu Manahara ||

Manju Mekhala Kati Mrigachhala |
Rudra Mala Bara Vakhshya Bishala ||

Pita Basana Sundara Tanu Sohe |
Kandha Tunira Dhanusha Mana Mohe ||

Veda-Purana-Shruti-Smriti Gyata |
Krodha Rupa Tuma Jaga Vikhyata ||

Daye Hatha Shriparashu Uthava |
Beda-Sanghita Bayen Suhava ||

Vidyavana Guna Gyana Apara |
Shastra-Shastra Dou Para Adhikara ||

Bhuvana Charidasa Aru Navakhanda |
Chahun Dishi Suyasha Pratapa Prachanda ||

Ekbara Ganapati Ke Sanga |
Jujhe Bhrigakula Kala Patanga ||

Danta Toda Rana Kinha Virama |
Eka Danta Ganapati Bhayo Nama ||

Kartavirya Arjuna Bhupala |
Sahasrabahu Durjana Vikarala ||

Sugarau Lakhi Jamadgani Panhi |
Rakhihahun Nija Ghara Thani Mana Mahi ||

Mili Na Mangi Taba Kinha Ladai |
Bhayo Parajita Jagata Hansai ||

Tana Khala Hridaya Bhaya Risa Gadhi |
Riputa Muni So Atisaya Badhi ||

Rishivara Rahe Dhyana Lavalina |
Tinha Para Shaktighata Nripa Kinha ||

Lagata Shakti Jamadagni Nipata |
Manahu Rishikula Bama Vidhata ||

Pitu-Badh Matu-Rudana Suni Bhara |
Bha Ati Krodha Mana Shoka Apara ||

Kara Gahi Tikshyana Parashu Karala |
Dushta Hanana Kinheu Tatkala ||

Kshatriya Rudhira Pitu Parpana Kinha |
Pitu-Badha Prarishodha Suta Linha ||

Ikkisa Bara Bhu Kshatriya Bihani |
Chhina Dhara Bipranha Kaha Dini ||

Juga Treta Kara Charita Suhayi |
Shiva-Dhanu Bhanga Kinha Raghurayi ||

Guru Dhanu Bhanjaka Ripu Kari Jana |
Taba Samula Nasha Tahi Thana ||

Kara Jori Taba Rama Raghurayi |
Binaya Kinhi Puni Shakti Dikhayi ||

Bhishma Drona Karna Balavanta |
Bhaye Shishya Dwapara Maha Ananta ||

Shastra Vidya Deha Suyasha Kamava |
Guru Pratapa Diganta Phirava ||

Charon Yuga Tava Mahima Gayi |
Sura Muni Manuja Danuja Samudayi ||

De Kashyapa So Sampada Bhai |
Tapa Kinha Mahendra Giri Jayi ||

Aba Lau Lina Samadhi Natha |
Sakala Loka Navayi Nita Matha ||

Charon Varna Eka Sama Jana |
Samadarshi Prabhu Tuma Bhagavana ||

Lalahi Chari Phala Sharana Tumhari |
Deva Danuja Nara Bhupa Bhikhari ||

Jo Yah Padhei Parashu Chalisa |
Tinha Anukula Sada Gaurisa ||

Purnendu Nisi Basara Svami |
Basahu Hridaya Prabhu Antaryami ||

|| Doha ||

Parasurama Ko Charu Charita,
Metata Sakala Agyana |
Sharana Pade Ko Deta Prabhu,
Sada Suyasha Sammana ||

|| Shloka ||

Bhrigudeva Kulam Bhanum,
Sahasabahurmardanam |
Renuka Nayana Nandam,
Parashumvande Vipradhanam ||

श्री राम चालीसा

राम चालीसा एक भक्ति गीत है जो भगवान राम पर आधारित है। राम चालीसा एक लोकप्रिय प्रार्थना है जो 40 छन्दों से बनी है। कई लोग राम नवमी सहित भगवान राम को समर्पित अन्य त्योहारों पर राम चालीसा का पाठ करते हैं।

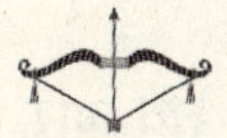

॥ दोहा ॥

श्री रघुबीर भक्त हितकारी ।
सुनि लीजै प्रभु अरज हमारी ॥

निशि दिन ध्यान धरै जो कोई ।
ता सम भक्त और नहीं होई ॥

ध्यान धरें शिवजी मन मांही ।
ब्रह्मा, इन्द्र पार नहीं पाहीं ॥

दूत तुम्हार वीर हनुमाना ।
जासु प्रभाव तिहुं पुर जाना ॥

जय, जय, जय रघुनाथ कृपाला ।
सदा करो संतन प्रतिपाला ॥

तुव भुजदण्ड प्रचण्ड कृपाला ।
रावण मारि सुरन प्रतिपाला ॥

तुम अनाथ के नाथ गोसाईं ।
दीनन के हो सदा सहाई ॥

ब्रह्मादिक तव पार न पावैं ।
सदा ईश तुम्हरो यश गावैं ॥

चारिउ भेद भरत हैं साखी ।
तुम भक्तन की लज्जा राखी ॥

गुण गावत शारद मन माहीं ।
सुरपति ताको पार न पाहीं ॥

नाम तुम्हार लेत जो कोई ।
ता सम धन्य और नहीं होई ॥

राम नाम है अपरम्पारा ।
चारिहु वेदन जाहि पुकारा ॥

गणपति नाम तुम्हारो लीन्हो ।
तिनको प्रथम पूज्य तुम कीन्हो ॥

शेष रटत नित नाम तुम्हारा ।
महि को भार शीश पर धारा ॥

फूल समान रहत सो भारा ।
पावत कोऊ न तुम्हरो पारा ॥

भरत नाम तुम्हरो उर धारो ।
तासों कबहूं न रण में हारो ॥

नाम शत्रुहन हृदय प्रकाशा ।
सुमिरत होत शत्रु कर नाशा ॥

लखन तुम्हारे आज्ञाकारी ।
सदा करत सन्तन रखवारी ॥

ताते रण जीते नहिं कोई ।
युद्ध जुरे यमहूं किन होई ॥

महालक्ष्मी धर अवतारा ।
सब विधि करत पाप को छारा ॥

सीता राम पुनीता गायो ।
भुवनेश्वरी प्रभाव दिखायो ॥

घट सों प्रकट भई सो आई ।
जाको देखत चन्द्र लजाई ॥

जो तुम्हरे नित पांव पलोटत ।
नवो निद्धि चरणन में लोटत ॥

सिद्धि अठारह मंगलकारी ।
सो तुम पर जावै बलिहारी ॥

औरहु जो अनेक प्रभुताई ।
सो सीतापति तुमहिं बनाई ॥

इच्छा ते कोटिन संसारा ।
रचत न लागत पल की बारा ॥

जो तुम्हरे चरणन चित लावै ।
ताकी मुक्ति अवसि हो जावै ॥

सुनहु राम तुम तात हमारे ।
तुमहिं भरत कुल पूज्य प्रचारे ॥

तुमहिं देव कुल देव हमारे ।
तुम गुरु देव प्राण के प्यारे ॥

जो कुछ हो सो तुमहिं राजा ।
जय जय जय प्रभु राखो लाजा ॥

राम आत्मा पोषण हारे ।
जय जय जय दशरथ के प्यारे ॥

जय जय जय प्रभु ज्योति स्वरुपा ।
नर्गुण ब्रह्म अखण्ड अनूपा ॥

सत्य सत्य जय सत्यव्रत स्वामी ।
सत्य सनातन अन्तर्यामी ॥

सत्य भजन तुम्हरो जो गावै ।
सो निश्चय चारों फल पावै ॥

सत्य शपथ गौरीपति कीन्हीं ।
तुमने भक्तिहिं सब सिधि दीन्हीं ॥

ज्ञान हृदय दो ज्ञान स्वरुपा ।
नमो नमो जय जगपति भूपा ॥

धन्य धन्य तुम धन्य प्रतापा ।
नाम तुम्हार हरत संतापा ॥

सत्य शुद्ध देवन मुख गाया ।
बजी दुन्दुभी शंख बजाया ॥

सत्य सत्य तुम सत्य सनातन ।
तुम ही हो हमरे तन-मन धन ॥

याको पाठ करे जो कोई ।
ज्ञान प्रकट ताके उर होई ॥

आवागमन मिटै तिहि केरा ।
सत्य वचन माने शिव मेरा ॥

और आस मन में जो होई ।
मनवांछित फल पावे सोई ॥

तीनहुं काल ध्यान जो ल्यावै ।
तुलसी दल अरु फूल चढ़ावै ॥

साग पत्र सो भोग लगावै ।
सो नर सकल सिद्धता पावै ॥

अन्त समय रघुबर पुर जाई ।
जहां जन्म हरि भक्त कहाई ॥

श्री हरिदास कहै अरु गावै ।
सो बैकुण्ठ धाम को पावै ॥

॥ दोहा ॥

सात दिवस जो नेम कर,
पाठ करे चित लाय ।
हरिदास हरि कृपा से,
अवसि भक्ति को पाय ॥

राम चालीसा जो पढ़े,
राम चरण चित लाय ।
जो इच्छा मन में करै,
सकल सिद्ध हो जाय ॥

Shri Rama Chalisa

Rama Chalisa is a devotional song based on Lord Rama. Many people recited Rama Chalisa on festivals related to Lord Rama, including Rama Navami.

|| Chaupai ||

Shri Raghubira Bhakta Hitakari |
Suni Lijai Prabhu Araja Hamari ||

Nishi Dina Dhyana Dharai Jo Koi |
Ta Sama Bhakta Aura Nahin Hoi ||

Dhyana Dharein Shivaji Mana Manhi |
Brahma, Indra Para Nahin Pahin ||

Duta Tumhara Vira Hanuman |
Jasu Prabhava Tihun Pura Jana ||

Jai Jai Jai Raghunatha Kripala |
Sada Karo Santana Pratipala ||

Tuva Bhujadanda Prachanda Kripala |
Ravana Mari Surana Pratipala ||

Tuma Anatha Ke Natha Gosayin |
Dinana Ke Ho Sada Sahayi ||

Brahmadika Tava Para Na Pavain |
Sada Isha Tumharo Yasha Gavain ||

Chariu Bheda Bharata Hain Sakhi |
Tuma Bhaktana Ki Lajja Rakhi ||

Guna Gavata Sharada Mana Mahin |
Surapati Tako Para Na Pahin ||

Nama Tumhara Leta Jo Koi |
Ta Sama Dhanya Aura Nahin Hoi ||

Rama Nama Hai Aparampara |
Charihu Vedana Jahi Pukara ||

Ganapati Nama Tumharo Linho |
Tinako Prathama Pujya Tuma Kinho ||

Shesha Ratata Nita Nama Tumhara |
Mahi Ko Bhara Shisha Para Dhara ||

Phula Samana Rahata So Bhara |
Pavata Kou Na Tumharo Para ||

Bharata Nama Tumharo Ura Dharo |
Tason Kabahun Na Rana Mein Haro ||

Nama Shatruhana Hridaya Prakasha |
Sumirata Hota Shatru Kara Nasha ||

Lakhana Tumhare Agyakari |
Sada Karata Santana Rakhavari ||

Tate Rana Jite Nahin Koi |
Yuddha Jure Yamahun Kina Hoi ||

Mahalakshmi Dhara Avatara |
Saba Vidhi Karata Papa Ko Chhara ||

Sita Rama Punita Gayo |
Bhuvaneshvari Prabhava Dikhayo ||

Ghata Son Prakata Bhai So Aayi |
Jako Dekhata Chandra Lajayi ||

Jo Tumhare Nita Panva Palotata |
Navo Niddhi Charanana Mein Lotata ||

Siddhi Atharaha Mangalakari |
So Tuma Para Javai Balihari ||

Aurahu Jo Aneka Prabhutai |
So Sitapati Tumahin Banai ||

Ichchha Te Kotina Sansara |
Rachata Na Lagata Pala Ki Bara ||

Jo Tumhare Charanana Chita Lavai |
Taki Mukti Avasi Ho Javai ||

Sunahu Rama Tuma Tata Hamare |
Tumahin Bharata Kula Pujya Prachare ||

Tumahin Deva Kula Deva Hamare |
Tuma Guru Deva Prana Ke Pyare ||

Jo Kuchha Ho So Tumahin Raja |
Jai Jai Jai Prabhu Rakho Laja ||

Rama Atma Poshana Hare |
Jai Jai Jai Dasharatha Ke Pyare ||

Jai Jai Jai Prabhu Jyoti Svarupa |
Narguna Brahri Akhanda Anupa ||

Satya Satya Jai Satyavrata Swami |
Satya Sanatana Antaryami ||

Satya Bhajana Tumharo Jo Gavai |
So Nishchaya Charon Phala Pavai ||

Satya Shapatha Gauripati Kinhin |
Tumane Bhaktihin Saba Sidhi Dinhin ||

Gyana Hridaya Do Gyana Svarupa |
Namo Namo Jai Jagapati Bhupa ||

Dhanya Dhanya Tuma Dhanya Pratapa |
Nama Tumhara Harata Santapa ||

Satya Shuddha Devana Mukha Gaya |
Baji Dundubhi Shankha Bajaya ||

Satya Satya Tuma Satya Sanatana |
Tuma Hi Ho Hamare Tana-Mana Dhana ||

Yako Patha Kare Jo Koi |
Gyana Prakata Take Ura Hoi ||

Avagamana Mitai Tihi Kera |
Satya Vachana Mane Shiva Mera ||

Aura Asa Mana Mein Jo Hoi |
Manavanchhita Phala Pave Soi ||

Tinahun Kala Dhyana Jo Lyavai |
Tulasi Dala Aru Phula Chadhavai ||

Saga Patra So Bhoga Lagavai |
So Nara Sakala Siddhata Pavai ||

Anta Samaya Raghubara Pura Jai |
Jahan Janma Hari Bhakta Kahai ||

Shri Haridasa Kahai Aru Gavai |
So Baikuntha Dhama Ko Pavai ||

|| Doha ||

Sata Divasa Jo Nema Kara,
Patha Kare Chita Laya |
Haridasa Hari Kripa Se,
Avasi Bhakti Ko Paya ||

Rama Chalisa Jo Padhe,
Rama Charana Chita Laya |
Jo Ichchha Mana Mein Karai,
Sakala Siddha Ho Jaya ||

श्री कृष्ण चालीसा

कृष्ण चालीसा एक भक्ति गीत है जो भगवान कृष्ण पर आधारित है। कृष्ण चालीसा एक लोकप्रिय प्रार्थना है जो 40 छन्दों से बनी है। कई लोग जन्माष्टमी सहित भगवान कृष्ण को समर्पित अन्य त्योहारों पर कृष्ण चालीसा का पाठ करते हैं।

॥ दोहा ॥

बंशी शोभित कर मधुर,
नील जलद तन श्याम ।
अरुण अधर जनु बिम्बा फल,
पीतम्बर शुभ साज ॥

जय मनमोहन मदन छवि,
कृष्णचन्द्र महाराज ।
करहु कृपा हे रवि तनय,
राखहु जन की लाज ॥

॥ चौपाई ॥

जय यदुनन्दन जय जगवन्दन ।
जय वसुदेव देवकी नन्दन ॥

जय यशुदा सुत नन्द दुलारे ।
जय प्रभु भक्तन के दृग तारे ॥

जय नट-नागर नाग नथैया ।
कृष्ण कन्हैया धेनु चरैया ॥

पुनि नख पर प्रभु गिरिवर धारो ।
आओ दीनन कष्ट निवारो ॥

वंशी मधुर अधर धरी तेरी ।
होवे पूर्ण मनोरथ मेरी ॥

आओ हरि पुनि माखन चाखो ।
आज लाज भारत की राखो ॥

गोल कपोल, चिबुक अरुणारे ।
मृदु मुस्कान मोहिनी डारे ॥

रंजित राजिव नयन विशाला ।
मोर मुकुट वैजयंती माला ॥

कुण्डल श्रवण पीतपट आछे ।
कटि किंकणी काछन काछे ॥

नील जलज सुन्दर तनु सोहे ।
छवि लखि, सुर नर मुनिमन मोहे ॥

मस्तक तिलक, अलक घुंघराले।
आओ कृष्ण बाँसुरी वाले ॥

करि पय पान, पुतनहि तारयो।
अका बका कागासुर मारयो ॥

मधुवन जलत अग्नि जब ज्वाला।
भै शीतल, लखितहिं नन्दलाला ॥

सुरपति जब ब्रज चढ़यो रिसाई।
मसूर धार वारि वर्षाई ॥

लगत-लगत ब्रज चहन बहायो।
गोवर्धन नखधारि बचायो ॥

लखि यसुदा मन भ्रम अधिकाई।
मुख महं चौदह भुवन दिखाई ॥

दुष्ट कंस अति उधम मचायो।
कोटि कमल जब फूल मंगायो ॥

नाथि कालियहिं तब तुम लीन्हें।
चरणचिन्ह दै निर्भय किन्हें ॥

करि गोपिन संग रास विलासा ।
सबकी पूरण करी अभिलाषा ॥

केतिक महा असुर संहारयो ।
कंसहि केस पकड़ि दै मारयो ॥

मात-पिता की बन्दि छुड़ाई ।
उग्रसेन कहं राज दिलाई ॥

महि से मृतक छहों सुत लायो ।
मातु देवकी शोक मिटायो ॥

भौमासुर मुर दैत्य संहारी ।
लाये षट दश सहसकुमारी ॥

दै भिन्हीं तृण चीर सहारा ।
जरासिंधु राक्षस कहं मारा ॥

असुर बकासुर आदिक मारयो ।
भक्तन के तब कष्ट निवारियो ॥

दीन सुदामा के दुःख टारयो ।
तंदुल तीन मूंठ मुख डारयो ॥

प्रेम के साग विदुर घर मांगे ।
दुर्योधन के मेवा त्यागे ॥

लखि प्रेम की महिमा भारी ।
ऐसे श्याम दीन हितकारी ॥

भारत के पारथ रथ हांके ।
लिए चक्र कर नहिं बल ताके ॥

निज गीता के ज्ञान सुनाये ।
भक्तन हृदय सुधा वर्षाये ॥

मीरा थी ऐसी मतवाली ।
विष पी गई बजाकर ताली ॥

राना भेजा सांप पिटारी ।
शालिग्राम बने बनवारी ॥

निज माया तुम विधिहिं दिखायो ।
उर ते संशय सकल मिटायो ॥

तब शत निन्दा करी तत्काला ।
जीवन मुक्त भयो शिशुपाला ॥

जबहिं द्रौपदी टेर लगाई ।
दीनानाथ लाज अब जाई ॥

तुरतहिं वसन बने नन्दलाला ।
बढ़े चीर भै अरि मुँह काला ॥

अस नाथ के नाथ कन्हैया ।
डूबत भंवर बचावत नैया ॥

सुन्दरदास आस उर धारी ।
दयादृष्टि कीजै बनवारी ॥

नाथ सकल मम कुमति निवारो ।
क्षमहु बेगि अपराध हमारो ॥

खोलो पट अब दर्शन दीजै ।
बोलो कृष्ण कन्हैया की जै ॥

॥ दोहा ॥

यह चालीसा कृष्ण का, पाठ करै उर धारि ।
अष्ट सिद्धि नवनिधि फल, लहै पदारथ चारि ॥

Shri Krishna Chalisa

Krishna Chalisa is a devotional song based on Lord Krishna. Many people recited Krishna Chalisa on festivals dedicated to Lord Krishna, including Janamashtami.

|| Doha ||

Banshi Shobhita Kara Madhura,
Nila Jalada Tana Shyama |
Aruna Adhara Janu Bimba Phala,
Pitambara Shubha Saja ||

Jai Manamohana Madana Chhavi,
Krishnachandra Maharaja |
Karahu Kripa He Ravi Tanaya,
Rakhahu Jana Ki Laja ||

|| Chaupai ||

Jai Yadunandana Jai Jagavandana |
Jai Vasudeva Devaki Nandana ||

Jai Yashuda Suta Nanda Dulare |
Jai Prabhu Bhaktana Ke Driga Tare ||

Jai Natnagara Naga Nathaiya |
Krishna Kanhaiya Dhenu Charaiya ||

Puni Nakha Para Prabhu Girivara Dharo |
Ao Dinana Kashta Nivaro ||

Vanshi Madhura Adhara Dhari Teri |
Hove Purna Manoratha Mero ||

Ao Hari Puni Makhana Chakho |
Aja Laja Bharata Ki Rakho ||

Gola Kapola, Chibuka Arunare |
Mridu Muskana Mohini Dare ||

Ranjita Rajiva Nayana Vishala |
Mora Mukuta Vaijayanti Mala ||

Kundala Shravana Pitapata Achhe |
Kati Kinkani Kachhana Kachhe ||

Nila Jalaja Sundara Tanu Sohe |
Chhavi Lakhi, Sura Nara Munimana Mohe ||

Mastaka Tilaka, Alaka Ghungharale |
Ao Krishna Bansuri Wale ||

Kari Paya Pana, Putanahi Tarayo |
Aka Baka Kagasura Marayo ||

Madhuvana Jalata Agni Jaba Jwala |
Bhai Shitala, Lakhitahin Nandalala ||

Surapati Jaba Braja Chadhayo Risai |
Masura Dhara Vari Varshai ||

Lagata Lagata Braja Chahana Bahayo |
Govardhana Nakhadhari Bachayo ||

Lakhi Yasuda Mana Bhrama Adhikai |
Mukha Maham Chaudaha Bhuvana Dikhai ||

Dushta Kansa Ati Udhama Machayo |
Koti Kamala Jaba Phula Mangayo ||

Nathi Kaliyahin Taba Tuma Linhein |
Charanachinha Dai Nirbhaya Kinhein ||

Kari Gopina Sanga Rasa Vilasa |
Sabaki Purana Kari Abhilasha ||

Ketika Maha Asura Sanharayo |
Kansahi Kesa Pakadi Dai Marayo ||

Mata-Pita Ki Bandi Chhudayi |
Ugrasena Kahan Raja Dilayi ||

Mahi Se Mritaka Chhahon Suta Layo |
Matu Devaki Shoka Mitayo ||

Bhaumasura Mura Daitya Sanhari |
Laye Shata Dasha Sahasakumari ||

Dai Bhimahin Trina Chira Sahara |
Jarasindhu Rakshasa Kaham Mara ||

Asura Bakasura Adika Marayo |
Bhaktana Ke Taba Kashta Nivariyo ||

Dina Sudama Ke Dukha Tarayo |
Tandula Tina Muntha Mukha Darayo ||

Prema Ke Saga Vidura Ghara Mange |
Duryodhana Ke Meva Tyage ||

Lakhi Prema Ki Mahima Bhari |
Aise Shyama Dina Hitakari ||

Bharata Ke Paratha Ratha Hanke |
Lie Chakra Kara Nahin Bala Take ||

Nija Gita Ke Gyana Sunaye |
Bhaktana Hridaya Sudha Varshaye ||

Mira Thi Aisi Matavali |
Visha Pi Gai Bajakara Tali ||

Rana Bheja Sanpa Pitari |
Shaligrama Bane Banavari ||

Nija Maya Tuma Vidhihin Dikhayo |
Ura Te Sanshaya Sakala Mitayo ||

Taba Shata Ninda Kari Tatkala |
Jivana Mukta Bhayo Shishupala ||

Jabahin Draupadi Tera Lagai |
Dinanatha Laja Aba Jai ||

Turatahin Vasana Bane Nandalala |
Badhe Chira Bhai Ari Munha Kala ||

Asa Natha Ke Natha Kanhaiya |
Dubata Bhamvara Bachavata Naiya ||

Sundaradasa Asa Ura Dhari |
Dayadrishti Kijai Banavari ||

Natha Sakala Mama Kumati Nivaro |
Kshamahu Begi Aparadha Hamaro ||

Kholo Pata Aba Darshana Dijai |
Bolo Krishna Kanhaiya Ki Jai ||

|| Doha ||

Yah Chalisa Krishna Ka,
Patha Karai Ura Dhari |
Ashta Siddhi Navanidhi Phala,
Lahai Padaratha Chari ||

देवियों की चालीसा

श्री दुर्गा माता चालीसा

दुर्गा चालीसा एक भक्ति गीत है जो दुर्गा माता पर आधारित है। दुर्गा चालीसा एक लोकप्रिय प्रार्थना है जो 40 छन्दों से बनी है। दुर्गा माता के भक्त अपनी मनोकामनाओं की पूर्ति के लिए इस चालीसा का पाठ करते हैं।

॥ चौपाई ॥

नमो नमो दुर्गे सुख करनी ।
नमो नमो अम्बे दुःख हरनी ॥

निराकार है ज्योति तुम्हारी ।
तिहूँ लोक फैली उजियारी ॥

शशि ललाट मुख महाविशाला ।
नेत्र लाल भृकुटि विकराला ॥

रूप मातु को अधिक सुहावे ।
दरश करत जन अति सुख पावे ॥

तुम संसार शक्ति लय कीना ।
पालन हेतु अन्न धन दीना ॥

अन्नपूर्णा हुई जग पाला ।
तुम ही आदि सुन्दरी बाला ॥

प्रलयकाल सब नाशन हारी ।
तुम गौरी शिवशंकर प्यारी ॥

शिव योगी तुम्हरे गुण गावें ।
ब्रह्मा विष्णु तुम्हें नित ध्यावें ॥

रूप सरस्वती को तुम धारा ।
दे सुबुद्धि ऋषि-मुनिन उबारा ॥

धरा रूप नरसिंह को अम्बा ।
प्रगट भईं फाड़कर खम्बा ॥

रक्षा कर प्रह्लाद बचायो ।
हिरण्याक्ष को स्वर्ग पठायो ॥

लक्ष्मी रूप धरो जग माहीं ।
श्री नारायण अंग समाहीं ॥

क्षीरसिन्धु में करत विलासा ।
दयासिन्धु दीजै मन आसा ॥

हिंगलाज में तुम्हीं भवानी ।
महिमा अमित न जात बखानी ॥

मातंगी अरु धूमावति माता ।
भुवनेश्वरी बगला सुख दाता ॥

श्री भैरव तारा जग तारिणी ।
छिन्न भाल भव दुःख निवारिणी ॥

केहरि वाहन सोह भवानी ।
लांगुर वीर चलत अगवानी ॥

कर में खप्पर-खड्ग विराजै ।
जाको देख काल डर भाजे ॥

सोहै अस्त्र और त्रिशूला ।
जाते उठत शत्रु हिय शूला ॥

नगर कोटि में तुम्हीं विराजत ।
तिहुंलोक में डंका बाजत ॥

शुम्भ निशुम्भ दानव तुम मारे ।
रक्तबीज शंखन संहारे ॥

महिषासुर नृप अति अभिमानी ।
जेहि अघ भार मही अकुलानी ॥

रूप कराल कालिका धारा ।
सेन सहित तुम तिहि संहारा ॥

परी गाढ़ सन्तन पर जब-जब ।
भई सहाय मातु तुम तब तब ॥

अमरपुरी अरु बासव लोका ।
तब महिमा सब रहें अशोका ॥

ज्वाला में है ज्योति तुम्हारी ।
तुम्हें सदा पूजें नर-नारी ॥

प्रेम भक्ति से जो यश गावै ।
दुःख दारिद्र निकट नहिं आवें ॥

ध्यावे तुम्हें जो नर मन लाई ।
जन्म-मरण ताकौ छुटि जाई ॥

जोगी सुर मुनि कहत पुकारी ।
योग न हो बिन शक्ति तुम्हारी ॥

शंकर आचारज तप कीनो ।
काम अरु क्रोध जीति सब लीनो ॥

निशिदिन ध्यान धरो शंकर को ।
काहु काल नहिं सुमिरो तुमको ॥

शक्ति रूप को मरम न पायो ।
शक्ति गई तब मन पछितायो ॥

शरणागत हुई कीर्ति बखानी ।
जय जय जय जगदम्ब भवानी ॥

भई प्रसन्न आदि जगदम्बा ।
दई शक्ति नहिं कीन विलम्बा ॥

मोको मातु कष्ट अति घेरो ।
तुम बिन कौन हरै दुःख मेरो ॥

आशा तृष्णा निपट सतावे ।
मोह मदादिक सब विनशावै ॥

शत्रु नाश कीजै महारानी ।
सुमिरौं इकचित तुम्हें भवानी ॥

करो कृपा हे मातु दयाला ।
ऋद्धि-सिद्धि दे करहु निहाला ॥

जब लगि जियउं दया फल पाऊं ।
तुम्हरो यश मैं सदा सुनाऊं ॥

दुर्गा चालीसा जो नित गावै ।
सब सुख भोग परमपद पावै ॥

देवीदास शरण निज जानी ।
करहु कृपा जगदम्ब भवानी ॥

Shri Durga Mata Chalisa

Durga Chalisa is a devotional song based on Durga Mata. Durga Chalisa is a popular prayer composed of 40 verses. This Chalisa is sung by Durga Mata devotees for the fulfilment of their wishes.

|| Chaupai ||

Namo Namo Durge Sukha Karani |
Namo Namo Ambe Dukha Harani ||

Nirakara Hai Jyoti Tumhari |
Tihun Loka Phaili Ujiyari ||

Shashi Lalata Mukha Mahavishala |
Netra Lala Bhrikuti Vikarala ||

Rupa Matu Ko Adhika Suhave |
Darasha Karata Jana Ati Sukha Pave ||

Tuma Sansara Shakti Laya Kina |
Palana Hetu Anna Dhana Dina ||

Annapurna Hui Jaga Pala I
Tuma Hi Adi Sundari Bala II

Pralayakala Saba Nashana Hari I
Tuma Gauri Shiva Shankara Pyari II

Shiva Yogi Tumhare Guna Gavein I
Brahma Vishnu Tumhein Nita Dhyavein II

Rupa Saraswati Ko Tuma Dhara I
De Subuddhi Rishi-Munina Ubara II

Dhara Rupa Narasinha Ko Amba I
Pragata Bhayin Phadakara Khamba II

Raksha Kara Prahlada Bachayo I
Hiranyaksha Ko Swarga Pathayo II

Lakshmi Rupa Dharo Jaga Mahin I
Shri Narayana Anga Samahin II

Kshirasindhu Mein Karata Vilasa I
Dayasindhu Dijai Mana Asa II

Hingalaja Mein Tumhin Bhavani I
Mahima Amita Na Jata Bakhani II

Matangi Aru Dhumawati Mata I
Bhuvaneshwari Bagala Sukha Data II

Shri Bhairava Tara Jaga Tarini |
Chhinna Bhala Bhava Dukha Nivarini ||

Kehari Vahana Soha Bhavani |
Langura Vira Chalata Agavani ||

Kara Mein Khappara Khadga Virajai |
Jako Dekha Kala Dara Bhaje ||

Sohai Astra Aura Trishula |
Jate Uthata Shatru Hiya Shula ||

Nagara Koti Mein Tumhin Virajata |
Tihunloka Mein Danka Bajata ||

Shumbha Nishumbha Danava Tuma Mare |
Raktabija Shankhana Sanhare ||

Mahishasura Nripa Ati Abhimani |
Jehi Agha Bhara Mahi Akulani ||

Rupa Karala Kalika Dhara |
Sena Sahita Tuma Tihi Sanhara ||

Pari Gadha Santana Para Jaba Jaba |
Bhai Sahaya Matu Tuma Taba Taba ||

Amarapuri Aru Basava Loka |
Taba Mahima Saba Rahein Ashoka ||

Jwala Mein Hai Jyoti Tumhari |
Tumhein Sada Pujein Nara Nari ||

Prema Bhakti Se Jo Yasha Gavai |
Dukha Daridra Nikata Nahin Avein ||

Dhyave Tumhein Jo Nara Mana Lai |
Janma Marana Takau Chhuti Jai ||

Jogi Sura Muni Kahata Pukari |
Yoga Na Ho Bina Shakti Tumhari ||

Shankara Acharaja Tapa Kino |
Kama Aru Krodha Jiti Saba Lino ||

Nishidina Dhyana Dharo Shankara Ko |
Kahu Kala Nahin Sumiro Tumako ||

Shakti Rupa Ko Marama Na Payo |
Shakti Gayi Taba Mana Pachhitayo ||

Sharanagata Huyi Kirti Bakhani |
Jai Jai Jai Jagadamba Bhavani ||

Bhai Prasanna Adi Jagadamba |
Dayi Shakti Nahin Kina Vilamba ||

Moko Matu Kashta Ati Ghero |
Tuma Bina Kauna Harai Dukha Mero ||

Asha Trishna Nipata Satave |
Moha Madadika Saba Vinashavai ||

Shatru Nasha Kijai Maharani |
Sumiraun Ikachita Tumhein Bhavani ||

Karo Kripa He Matu Dayala |
Riddhi Siddhi De Karahu Nihala ||

Jaba Lagi Jiyaun Daya Phala Paun |
Tumharo Yasha Main Sada Sonaun ||

Durga Chalisa Jo Nita Gavai |
Saba Sukha Bhoga Paramapada Pavai ||

Devidasa Sharana Nija Jani |
Karahu Kripa Jagadamba Bhavani ||

श्री गायत्री माता चालीसा

गायत्री चालीसा गायत्री माता पर आधारित एक भक्ति गीत है। गायत्री चालीसा 40 छंदों से बनी एक लोकप्रिय प्रार्थना है। यह चालीसा गायत्री माता के भक्तों द्वारा अपनी मनोकामनाओं की पूर्ति के लिए गाया जाता है।

॥ दोहा ॥

ह्रीं श्रीं क्लीं मेधा प्रभा,
जीवन ज्योति प्रचण्ड ।
शान्ति कान्ति जागृत प्रगति,
रचना शक्ति अखण्ड ॥

जगत जननी मंगल करनि,
गायत्री सुखधाम ।
प्रणवों सावित्री स्वधा,
स्वाहा पूरन काम ॥

॥ चौपाई ॥

भूर्भुवः स्वः ॐ युत जननी ।
गायत्री नित कलिमल दहनी ॥

अक्षर चौविस परम पुनीता ।
इनमें बसें शास्त्र श्रुति गीता ॥

शाश्वत सतोगुणी सत रूपा ।
सत्य सनातन सुधा अनूपा ॥

हंसारूढ़ श्वेताम्बर धारी ।
स्वर्ण कान्ति शुचि गगन-बिहारी ॥

पुस्तक पुष्प कमण्डलु माला ।
शुभ्र वर्ण तनु नयन विशाला ॥

ध्यान धरत पुलकित हित होई ।
सुख उपजत दुःख दुर्मति खोई ॥

कामधेनु तुम सुर तरु छाया ।
निराकार की अद्भुत माया ॥

तुम्हरी शरण गहै जो कोई ।
तरै सकल संकट सों सोई ॥

सरस्वती लक्ष्मी तुम काली ।
दिपै तुम्हारी ज्योति निराली ॥

तुम्हरी महिमा पार न पावैं ।
जो शारद शत मुख गुन गावैं ॥

चार वेद की मात पुनीता ।
तुम ब्रह्माणी गौरी सीता ॥

महामन्त्र जितने जग माहीं ।
कोउ गायत्री सम नाहीं ॥

सुमिरत हिय में ज्ञान प्रकासै ।
आलस पाप अविद्या नासै ॥

सृष्टि बीज जग जननि भवानी ।
कालरात्रि वरदा कल्याणी ॥

ब्रह्मा विष्णु रुद्र सुर जेते ।
तुम सों पावैं सुरता तेते ॥

तुम भक्तन की भक्त तुम्हारे ।
जननिहिं पुत्र प्राण ते प्यारे ॥

महिमा अपरम्पार तुम्हारी ।
जय जय जय त्रिपदा भयहारी ॥

पूरित सकल ज्ञान विज्ञाना ।
तुम सम अधिक न जगमे आना ॥

तुमहिं जानि कछु रहै न शेषा ।
तुमहिं पाय कछु रहै न कलेशा ॥

जानत तुमहिं तुमहिं व्है जाई ।
पारस परसि कुधातु सुहाई ॥

तुम्हरी शक्ति दिपै सब ठाई ।
माता तुम सब ठौर समाई ॥

ग्रह नक्षत्र ब्रह्माण्ड घनेरे ।
सब गतिवान तुम्हारे प्रेरे ॥

सकल सृष्टि की प्राण विधाता ।
पालक पोषक नाशक त्राता ॥

मातेश्वरी दया व्रत धारी ।
तुम सन तरे पातकी भारी ॥

जापर कृपा तुम्हारी होई ।
तापर कृपा करें सब कोई ॥

मन्द बुद्धि ते बुधि बल पावें ।
रोगी रोग रहित हो जावें ॥

दरिद्र मिटै कटै सब पीरा ।
नाशै दुःख हरै भव भीरा ॥

गृह क्लेश चित चिन्ता भारी ।
नासै गायत्री भय हारी ॥

सन्तति हीन सुसन्तति पावें ।
सुख संपति युत मोद मनावें ॥

भूत पिशाच सबै भय खावें ।
यम के दूत निकट नहिं आवें ॥

जो सधवा सुमिरें चित लाई ।
अछत सुहाग सदा सुखदाई ॥

घर वर सुख प्रद लहैं कुमारी ।
विधवा रहें सत्य व्रत धारी ॥

जयति जयति जगदम्ब भवानी ।
तुम सम ओर दयालु न दानी ॥

जो सतगुरु सो दीक्षा पावे ।
सो साधन को सफल बनावे ॥

सुमिरन करे सुरुचि बडभागी ।
लहै मनोरथ गृही विरागी ॥

अष्ट सिद्धि नवनिधि की दाता ।
सब समर्थ गायत्री माता ॥

ऋषि मुनि यती तपस्वी योगी ।
आरत अर्थी चिन्तित भोगी ॥

जो जो शरण तुम्हारी आवें ।
सो सो मन वांछित फल पावें ॥

बल बुधि विद्या शील स्वभाउ ।
धन वैभव यश तेज उछाउ ॥

सकल बढें उपजें सुख नाना ।
जे यह पाठ करै धरि ध्याना ॥

॥ दोहा ॥

यह चालीसा भक्ति युत, पाठ करै जो कोई ।
तापर कृपा प्रसन्नता, गायत्री की होय ॥

Shri Gayatri Mata Chalisa

Gayatri Chalisa is a devotional song based on Gayatri Mata. Gayatri Chalisa is a popular prayer composed of 40 verses. This Chalisa is sung by devotees of Gayatri Mata for the fulfilment of their wishes.

|| **Doha** ||

Hrim Shrim Klim Medha Prabha,
Jivana Jyoti Prachanda |
Shanti Kanti Jagrita Pragati,
Rachana Shakti Akhanda ||

Jagata Janani Mangala Karani,
Gayatri Sukhadhama |
Pranavon Savitri Svadha,
Svaha Purana Kama ||

|| **Chaupai** ||

Bhurbhuvah Svah Om Yuta Janani |
Gayatri Nita Kalimala Dahani ||

Akshara Chauvisa Parama Punita |
Inamein Basein Shastra Shruti Gita ||

Shashwata Satoguni Sata Rupa I
Satya Sanatana Sudha Anupa II

Hansarudha Sitambara Dhari I
Svarna Kanti Shuchi Gagana Bihari II

Pustaka Pushpa Kamandalu Mala I
Shubhra Varna Tanu Nayana Vishala II

Dhyana Dharata Pulakita Hita Hoi I
Sukha Upajata Dukha Durmati Khoi II

Kamadhenu Tuma Sura Taru Chhaya I
Nirakara Ki Adbhuta Maya II

Tumhari Sharana Gahai Jo Koi I
Tarai Sakala Sankata Son Soi II

Saraswati Lakshmi Tuma Kali I
Dipai Tumhari Jyoti Nirali II

Tumhari Mahima Para Na Pavain I
Jo Sharada Shata Mukha Guna Gavain II

Chara Veda Ki Mata Punita I
Tuma Brahmani Gauri Sita II

Mahamantra Jitane Jaga Mahin I
Kou Gayatri Sama Nahin II

Sumirata Hiya Mein Gyana Prakasai ।
Alasa Papa Avidya Nasai ॥

Srishti Bija Jaga Janani Bhavani ।
Kalaratri Varada Kalyani ॥

Brahma Vishnu Rudra Sura Jete ।
Tuma Son Pavain Surata Tete ॥

Tuma Bhaktana Ki Bhakta Tumhare ।
Jananihin Putra Prana Te Pyare ॥

Mahima Aparampara Tumhari ।
Jai Jai Jai Tripada Bhayahari ॥

Purita Sakala Gyana Vigyana ।
Tuma Sama Adhika Na Jagame Ana ॥

Tumahin Jani Kachhu Rahai Na Shesha ।
Tumahin Paya Kachhu Rahai Na Kalesha ॥

Janata Tumahin Tumahin Vhai Jayi ।
Parasa Parasi Kudhatu Suhayi ॥

Tumhari Shakti Dipai Saba Thayi ।
Mata Tuma Saba Thaura Samayi ॥

Graha Nakshatra Brahmanda Ghanere ।
Saba Gativana Tumhare Prere ॥

Sakala Srishti Ki Prana Vidhata |
Palaka Poshaka Nashaka Trata ||

Mateshwari Daya Vrata Dhari |
Tuma Sana Tare Pataki Bhari ||

Japara Kripa Tumhari Hoi |
Tapara Kripa Karein Saba Koi ||

Manda Buddhi Te Budhi Bala Pavein |
Rogi Roga Rahita Hai Javein ||

Daridra Mitai Katai Saba Pira |
Nashai Dukha Harai Bhava Bhira ||

Griha Klesha Chita Chinta Bhari |
Nasai Gayatri Bhaya Hari ||

Santati Hina Susantati Pavein |
Sukha Sampati Yuta Moda Manavein ||

Bhuta Pishacha Sabai Bhaya Khavein |
Yama Ke Duta Nikata Nahein Avein ||

Jo Sadhava Sumirein Chita Layi |
Achhata Suhaga Sada Sukhadayi ||

Ghara Vara Sukha Prada Lahain Kumari |
Vidhava Rahein Satya Vrata Dhari ||

Jayati Jayati Jagadamba Bhavani |
Tuma Sama Aura Dayalu Na Dani ||

Jo Sataguru So Diksha Pave |
So Sadhana Ko Saphala Banave ||

Sumirana Kare Suruchi Badabhagi |
Lahain Manoratha Grihi Viragi ||

Ashta Siddhi Navanidhi Ki Data |
Saba Samartha Gayatri Mata ||

Rishi Muni Yati Tapasvi Yogi |
Arata Arthi Chintita Bhogi ||

Jo Jo Sharana Tumhari Avein |
So So Mana Vanchhita Phala Pavein ||

Bala Budhi Vidya Shila Svabhau |
Dhana Vaibhava Yasha Teja Uchhau ||

Sakala Badhein Upajein Sukha Nana |
Je Yah Patha Karai Dhari Dhyana ||

|| Doha ||

Yah Chalisa Bhakti Yuta, Patha Karai Jo Koi |
Tapara Kripa Prasannata, Gayatri Ki Hoya ||

श्री लक्ष्मी माता चालीसा

लक्ष्मी चालीसा एक भक्ति गीत है जो लक्ष्मी माता पर आधारित है। लक्ष्मी चालीसा एक लोकप्रिय प्रार्थना है जो 40 छन्दों से बनी है। लक्ष्मी माता के भक्त अपनी मनोकामनाओं की पूर्ति के लिए इस चालीसा का पाठ करते हैं।

॥ दोहा ॥

मातु लक्ष्मी करि कृपा, करो हृदय में वास ।
मनोकामना सिद्ध करि, परुवहु मेरी आस ॥

॥ सोरठा ॥

यही मोर अरदास, हाथ जोड़ विनती करूं ।
सब विधि करौ सुवास, जय जननि जगदम्बिका ।

॥ चौपाई ॥

सिन्धु सुता मैं सुमिरौ तोही ।
ज्ञान, बुद्धि, विद्या दो मोही ॥

तुम समान नहिं कोई उपकारी ।
सब विधि पुरवहु आस हमारी ॥

जय जय जगत जननि जगदम्बा ।
सबकी तुम ही हो अवलम्बा ॥

तुम ही हो सब घट घट वासी ।
विनती यही हमारी खासी ॥

जगजननी जय सिन्धु कुमारी ।
दीनन की तुम हो हितकारी ॥

विनवौं नित्य तुमहिं महारानी ।
कृपा करौ जग जननि भवानी ॥

केहि विधि स्तुति करौं तिहारी ।
सुधि लीजै अपराध बिसारी ॥

कृपा दृष्टि चितववो मम ओरी ।
जगजननी विनती सुन मोरी ॥

ज्ञान बुद्धि जय सुख की दाता ।
संकट हरो हमारी माता ॥

क्षीरसिन्धु जब विष्णु मथायो ।
चौदह रत्न सिन्धु में पायो ॥

चौदह रत्न में तुम सुखरासी ।
सेवा कियो प्रभु बनि दासी ॥

जब जब जन्म जहां प्रभु लीन्हा ।
रूप बदल तहं सेवा कीन्हा ॥

स्वयं विष्णु जब नर तनु धारा ।
लीन्हेउ अवधपुरी अवतारा ॥

तब तुम प्रगट जनकपुर माहीं ।
सेवा कियो हृदय पुलकाहीं ॥

अपनाया तोहि अन्तर्यामी ।
विश्व विदित त्रिभुवन की स्वामी ॥

तुम सम प्रबल शक्ति नहीं आनी ।
कहं लौ महिमा कहौं बखानी ॥

मन क्रम वचन करै सेवकाई ।
मन इच्छित वांछित फल पाई ॥

तजि छल कपट और चतुराई ।
पूजहिं विविध भाँति मनलाई ॥

और हाल मैं कहौं बुझाई ।
जो यह पाठ करै मन लाई ॥

ताको कोई कष्ट नोई ।
मन इच्छित पावै फल सोई ॥

त्राहि त्राहि जय दुःख निवारिणि ।
त्रिविध ताप भव बन्धन हारिणी ॥

जो चालीसा पढ़ै पढ़ावै ।
ध्यान लगाकर सुनै सुनावै ॥

ताकौ कोई न रोग सतावै ।
पुत्र आदि धन सम्पत्ति पावै ॥

पुत्रहीन अरु सम्पति हीना ।
अन्ध बधिर कोढ़ी अति दीना ॥

विप्र बोलाय कै पाठ करावै ।
शंका दिल में कभी न लावै ॥

पाठ करावै दिन चालीसा ।
ता पर कृपा करैं गौरीसा ॥

सुख सम्पत्ति बहुत सी पावै ।
कमी नहीं काहू की आवै ॥

बारह मास करै जो पूजा ।
तेहि सम धन्य और नहिं दूजा ॥

प्रतिदिन पाठ करै मन माही ।
उन सम कोइ जग में कहुं नाहीं ॥

बहुविधि क्या मैं करौं बड़ाई ।
लेय परीक्षा ध्यान लगाई ॥

करि विश्वास करै व्रत नेमा ।
होय सिद्ध उपजै उर प्रेमा ॥

जय जय जय लक्ष्मी भवानी ।
सब में व्यापित हो गुण खानी ॥

तुम्हरो तेज प्रबल जग माहीं ।
तुम सम कोउ दयालु कहुं नाहिं ॥

मोहि अनाथ की सुधि अब लीजै ।
संकट काटि भक्ति मोहि दीजै ॥

भूल चूक करि क्षमा हमारी ।
दर्शन दीजै दशा निहारी ॥

बिन दर्शन व्याकुल अधिकारी ।
तुमहि अछत दुःख सहते भारी ॥

नहिं मोहिं ज्ञान बुद्धि है तन में ।
सब जानत हो अपने मन में ॥

रूप चतुर्भुज करके धारण ।
कष्ट मोर अब करहु निवारण ॥

केहि प्रकार मैं करौं बड़ाई ।
ज्ञान बुद्धि मोहि नहिं अधिकाई ॥

॥ दोहा ॥

त्राहि त्राहि दुःख हारिणी,
हरो वेगि सब त्रास ।
जयति जयति जय लक्ष्मी,
करो शत्रु को नाश ॥

रामदास धरि ध्यान नित,
विनय करत कर जोर ।
मातु लक्ष्मी दास पर,
करहु दया की कोर ॥

Shri Lakshmi Mata Chalisa

Lakshmi Chalisa is a devotional song based on Lakshmi Mata. Lakshmi Chalisa is a popular prayer composed of 40 verses. This Chalisa is sung by devotees of Lakshmi Mata for the fulfilment of their wishes.

|| Doha ||

Matu Lakshmi Kari Kripa, Hridaya Mein Vasa |
Manokamna Siddha Kari, Paruvahu Meri Asa ||

|| Sortha ||

Yahi Mora Ardasa, Hatha Joda Vinati Karun |
Saba Vidhi Karau Suvasa, Jai Janani Jagadambika |

|| Chaupai ||

Sindu Suta Main Sumirau Tohi |
Gyan, Buddhi, Vidya Do Mohi ||

Tuma Samana Nahi Koi Upkari |
Sab Vidhi Puravahu Asa Hamari ||

Jai Jai Jagata Janani Jagadamba |
Sabaki Tuma Hi Ho Avalamba ||

Tuma Hi Ho Saba Ghata Ghata Vasi |
Vinati Yahi Hamari Khasi ||

Jagajanani Jai Sindhu Kumari |
Dinana Ki Tuma Ho Hitakari ||

Vinavaun Nitya Tumahin Maharani |
Kripa Karau Jaga Janani Bhavani ||

Kehi Vidhi Stuti Karaun Tihari |
Sudhi Lijai Aparadha Bisari ||

Kripa Drishti Chitavavo Mama Ori |
Jaga Janani Vinati Suna Mori ||

Gyan Buddhi Jai Sukha Ki Data |
Sankata Haro Hamari Mata ||

Kshirasindhu Jaba Vishnu Mathayo |
Chaudah Ratna Sindhu Mein Payo ||

Chaudah Ratna Mein Tuma Sukharasi |
Seva Kiyo Prabu Bani Dasi ||

Jaba Jaba Janma Jahan Prabhu Linha |
Rupa Badal Tahan Seva Kinha ||

Svayan Vishnu Jaba Nara Tanu Dhara |
Linheu Avadhapuri Avatara ||

Taba Tuma Pragata Janakapura Mahin |
Seva Kiyo Hridaya Pulakahin ||

Apanaya Tohi Antaryami |
Vishva Vidita Tribhuvana Ki Swami ||

Tuma Sama Prabala Shakti Nahin Aani |
Kahan Lau Mahima Kahaun Bakhani ||

Mana Krama Vachana Karai Sevakayi |
Mana Ichchhita Vanchhita Phala Payi ||

Taji Chhala Kapata Aura Chaturayi |
Pujahin Vividha Bhanti Mana Layi ||

Aura Hala Main Kahaun Bujhai |
Jo Yah Patha Karai Mana Layi ||

Tako Koi Kashta Noi |
Mana Ichchhita Pavai Phala Soi ||

Trahi Trahi Jai Dukha Nivarini |
Trividha Tapa Bhava Bandhana Harini ||

Jo Chalisa Pade Padave |
Dhyana Lagakar Sunai Sunavai ||

Takau Koi Na Rog Satavai |
Putra Aadi Dhana Sampatti Pavai ||

Putrahin Aru Sampatti Hina I
Andha Badhira Kodhi Ati Dina II

Vipra Bolaya Kai Patha Karavai I
Shanka Dila Mein Kabhi Na Lavai II

Patha Karavai Din Chalisa I
Ta Para Kripa Karain Gaurisa II

Sukha Sampatti Bahuta Si Pavai I
Kami Nahin Kahu Ki Avai II

Barah Masa Karai Jo Puja I
Tehi Sama Dhanya Aur Nahin Duja II

Pratidina Patha Karai Mana Mahin I
Una Sama Koi Jaga Mein Kahun Nahin II

Bahuvidhi Kya Main Karaun Badai I
Leya Pariksha Dhyana Lagai II

Kari Vishvasa Karai Vrata Nema I
Hoya Siddha Upajai Ura Prema II

Jai Jai Jai Lakshmi Bhavani I
Saba Mein Vyapita Ho Guna Khani II

Tumharo Tej Prabala Jaga Mahin I
Tuma Sama Kou Dayalu Kahun Nahin II

Mohi Anatha Ki Sudhi Aba Lijai |
Sankata Kati Bhakti Mohi Dijai ||

Bhula Chuka Kari Kshama Hamari |
Darshana Dijai Dasha Nihari ||

Bina Darshana Vyakula Adhikari |
Tumahi Achhata Dukha Sahate Bhari ||

Nahin Mohin Gyan Buddhi Hai Tana Mein |
Saba Janata Ho Apane Mana Mein ||

Rupa Chaturbhuja Karake Dharana |
Kashta Mora Aba Karahu Nivarana ||

Kehi Prakara Main Karaun Badayi |
Gyana Buddhi Mohin Nahin Adhikayi ||

|| Doha ||

Trahi Trahi Dukha Harini,
Haro Vegi Saba Trasa |
Jayati Jayati Jai Lakshmi,
Karo Shatru Ko Nasha ||

Ramdasa Dhari Dhyana Nita,
Vinaya Karata Kara Jora |
Matu Lakshmi Dasa Para,
Karahu Daya Ki Kora ||

श्री महालक्ष्मी माता चालीसा

महालक्ष्मी चालीसा एक भक्ति गीत है जो महालक्ष्मी माता पर आधारित है। महालक्ष्मी चालीसा एक लोकप्रिय प्रार्थना है जो 40 छन्दों से बनी है। महालक्ष्मी माता के भक्त अपनी मनोकामनाओं की पूर्ति के लिये इस चालीसा का पाठ करते हैं।

॥ दोहा ॥

जय जय श्री महालक्ष्मी,
करूँ मात तव ध्यान ।
सिद्ध काज मम किजिये,
निज शिशु सेवक जान ॥

॥ चौपाई ॥

नमो महा लक्ष्मी जय माता ।
तेरो नाम जगत विख्याता ॥

आदि शक्ति हो मात भवानी ।
पूजत सब नर मुनि ज्ञानी ॥

जगत पालिनी सब सुख करनी ।
निज जनहित भण्डारण भरनी ॥

श्वेत कमल दल पर तव आसन ।
मात सुशोभित है पद्मासन ॥

श्वेताम्बर अरु श्वेता भूषण ।
श्वेतही श्वेत सुसज्जित पुष्पन ॥

शीश छत्र अति रूप विशाला ।
गल सोहे मुक्तन की माला ॥

सुंदर सोहे कुंचित केशा ।
विमल नयन अरु अनुपम भेषा ॥

कमलनाल समभुज तवचारि ।
सुरनर मुनिजनहित सुखकारी ॥

अद्भुत छटा मात तव बानी ।
सकलविश्व कीन्हो सुखखानी ॥

शांतिस्वभाव मृदुलतव भवानी ।
सकल विश्वकी हो सुखखानी ॥

महालक्ष्मी धन्य हो माई ।
पंच तत्व में सृष्टि रचाई ॥

जीव चराचर तुम उपजाए ।
पशु पक्षी नर नारी बनाए ॥

क्षितितल अगणित वृक्ष जमाए ।
अमितरंग फल फूल सुहाए ॥

छवि विलोक सुरमुनि नरनारी ।
करे सदा तव जय-जय कारी ॥

सुरपति औ नरपत सब ध्यावैं ।
तेरे सम्मुख शीश नवावैं ॥

चारहु वेदन तब यश गाये ।
महिमा अगम पार नहिं पाये ॥

जापर करहु मातु तुम दाया ।
सोइ जग में धन्य कहाया ॥

पल में राजाहि रंक बनाओ ।
रंक राव कर बिमल न लाओ ॥

जिन घर करहु माततुम बासा ।
उनका यश हो विश्व प्रकाशा ॥

जो ध्यावै से बहु सुख पावै ।
विमुख रहे हो दुख उठावै ॥

महालक्ष्मी जन सुख दाई ।
ध्याऊं तुमको शीश नवाई ॥

निज जन जानि मोहिं अपनाओ ।
सुखसम्पति दे दुख नसाओ ॥

ॐ श्रीं-श्रीं जयसुखकी खानी ।
रिद्धिसिद्ध देउ मात जनजानी ॥

ॐ ह्रीं-ॐ ह्रीं सब व्याधि हटाओ ।
जनउन विमल दृष्टि दर्शाओ ॥

ॐ क्लीं-ॐ क्लीं शत्रुन क्षयकीजै ।
जनहित मात अभय वरदीजै ॥

ॐ जयजयति जयजननी ।
सकल काज भक्तन के सरनी ॥

ॐ नमो-नमो भवनिधि तारनी ।
तरणि भंवर से पार उतारनी ॥

सुनहु मात यह विनय हमारी ।
पुरवहु आशन करहु अबारी ॥

ऋणी दुखी जो तुमको ध्यावै ।
सो प्राणी सुख सम्पत्ति पावै ॥

रोग ग्रसित जो ध्यावै कोई ।
ताकी निर्मल काया होई ॥

विष्णु प्रिया जय-जय महारानी ।
महिमा अमित न जाय बखानी ॥

पुत्रहीन जो ध्यान लगावै ।
पाये सुत अतिहि हुलसावै ॥

त्राहि त्राहि शरणागत तेरी ।
करहु मात अब नेक न देरी ॥

आवहु मात विलम्ब न कीजै ।
हृदय निवास भक्त बर दीजै ॥

जानूं जप तप का नहिं भेवा ।
पार करो भवनिध वन खेवा ॥

बिनवों बार-बार कर जोरी ।
पूरण आशा करहु अब मोरी ॥

जानि दास मम संकट टारौ ।
सकल व्याधि से मोहिं उबारौ ॥

जो तव सुरति रहै लव लाई ।
सो जग पावै सुयश बड़ाई ॥

छायो यश तेरा संसारा ।
पावत शेष शम्भु नहिं पारा ॥

गोविंद निशदिन शरण तिहारी ।
करहु पूरण अभिलाष हमारी ॥

॥ दोहा ॥

महालक्ष्मी चालीसा,
पढ़ै सुनै चित लाय ।
ताहि पदारथ मिलै,
अब कहै वेद अस गाय ॥

Shri Mahalakshmi Mata Chalisa

Mahalakshmi Chalisa is a devotional song based on Mahalakshmi Mata. Mahalakshmi Chalisa is a popular prayer composed of 40 verses. This Chalisa is sung by devotees of Mahalakshmi Mata for the fulfilment of their wishes.

|| Doha ||

Jai Jai Shri Mahalakshmi,
Karun Mata Tava Dhyana |
Siddha Kaja Mama Kijiye,
Nija Shishu Sevaka Jana ||

|| Chaupai ||

Namo Maha Lakshmi Jai Mata |
Tero Nama Jagata Vikhyata ||

Adi Shakti Ho Mata Bhavani |
Pujata Saba Nara Muni Gyani ||

Jagata Palini Saba Sukha Karani |
Nija Janahita Bhandarana Bharani ||

Shveta Kamala Dala Para Tava Asana |
Mata Sushobhita Hai Padmasana ||

Shvetambara Aru Shveta Bhushana |
Shvetahi Shveta Susajjita Pushpana ||

Shisha Chhatra Ati Rupa Vishala |
Gala Sohe Muktana Ki Mala ||

Sundara Sohe Kunchita Kesha |
Vimala Nayana Aru Anupama Bhesha ||

Kamalanala Samabhuja Tava Chari |
Suranara Munijanahita Sukhakari ||

Adbhuta Chhata Mata Tava Bani |
Sakala Vishva Kinho Sukhakhani ||

Shantisvabhava Mridulatava Bhavani |
Sakala Vishva Ki Ho Sukhakhani ||

Mahalakshmi Dhanya Ho Mayi |
Pancha Tatva Mein Srishti Rachayi ||

Jiva Charachara Tuma Upajaye |
Pashu Pakshi Nara Nari Banaye ||

Kshititala Aganita Vriksha Jamaye |
Amitaranga Phala Phula Suhaye ||

Chhavi Viloka Suramuni Nara Nari |
Kare Sada Tava Jai Jai Kari ||

Surapati Au Narapata Saba Dhyavain |
Tere Sammukha Shisha Navavain ||

Charahu Vedana Taba Yasha Gaye |
Mahima Agama Para Nahin Paye ||

Japara Karahu Matu Tuma Daya |
Soi Jaga Mein Dhanya Kahaya ||

Pala Mein Rajahi Ranka Banao |
Ranka Rava Kara Bimala Na Lao ||

Jina Ghara Karahu Matatuma Basa |
Unaka Yasha Ho Vishva Prakasha ||

Jo Dhyavai Se Bahu Sukha Pavai |
Vimukha Rahe Ho Dukha Uthavai ||

Mahalakshmi Jana Sukha Dayi |
Dhyaun Tumako Shisha Navayi ||

Nija Jana Janimohin Apanao |
Sukhasampati De Dukha Nasao ||

Om Shri Shri Jayasukhaki Khani |
Riddhisiddha Deu Mata Janajani ||

Om Hrim Om Hrim Saba Vyadhi Hatao |
Janauna Vimala Drishti Darshao ||

Om Klim Om Klim Shatruna Kshayakijai |
Janahita Mata Abhaya Varadijai ||

Om Jayajayati Jayajanani |
Sakala Kaja Bhaktana Ke Sarani ||

Om Namo Namo Bhavanidhi Tarani |
Tarani Bhamvara Se Para Utarani ||

Sunahu Mata Yah Vinaya Hamari |
Puravahu Ashana Karahu Abari ||

Rini Dukhi Jo Tumako Dhyavai |
So Prani Sukha Sampatti Pavai ||

Roga Grasita Jo Dhyavai Koi |
Taki Nirmala Kaya Hoi ||

Vishnu Priya Jai Jai Maharani |
Mahima Amita Na Jai Bakhani ||

Putrahina Jo Dhyana Lagavai |
Paye Suta Atihi Hulasavai ||

Trahi Trahi Sharanagata Teri |
Karahu Mata Aba Neka Na Deri ||

Avahu Mata Vilamba Na Kijai I
Hridaya Nivasa Bhakta Bara Dijai II

Janun Japa Tapa Ka Nahin Bheva I
Para Karo Bhavanidha Vana Kheva II

Binavon Bara Bara Kara Jori I
Purana Asha Karahu Aba Mori II

Jani Dasa Mama Sankata Tarau I
Sakala Vyadhi Se Mohin Ubarau II

Jo Tava Surati Rahai Lava Layi I
So Jaga Pavai Suyasha Badayi II

Chhayo Yasha Tera Sansara I
Pavata Shesha Shambhu Nahin Para II

Govinda Nishadina Sharana Tihari I
Karahu Purana Abhilasha Hamari II

II Doha II

Mahalakshmi Chalisa,
Padhai Sunai Chita Laya I
Tahi Padaratha Milai,
Aba Kahai Veda Asa Gaya II

श्री सरस्वती माता चालीसा

सरस्वती चालीसा एक भक्ति गीत है जो सरस्वती माता पर आधारित है। सरस्वती चालीसा एक लोकप्रिय प्रार्थना है जो 40 छन्दों से बनी है। ज्ञान और बुद्धि का विकास करने वालों के लिए सरस्वती चालीसा का पाठ लाभकारी होता है।

॥ दोहा ॥

जनक जननि पद कमल रज,
निज मस्तक पर धारि ।
बन्दौं मातु सरस्वती,
बुद्धि बल दे दातारि ॥

पूर्ण जगत में व्याप्त तव,
महिमा अमित अनंतु ।
रामसागर के पाप को,
मातु तुही अब हन्तु ॥

॥ चौपाई ॥

जय श्री सकल बुद्धि बलरासी ।
जय सर्वज्ञ अमर अविनासी ॥

जय जय जय वीणाकर धारी ।
करती सदा सुहंस सवारी ॥

रूप चतुर्भुजधारी माता ।
सकल विश्व अन्दर विख्याता ।।

जग में पाप बुद्धि जब होती ।
जबहि धर्म की फीकी ज्योती ।।

तबहि मातु ले निज अवतारा ।
पाप हीन करती महि तारा ।।

बाल्मीकि जी थे बहम ज्ञानी ।
तव प्रसाद जानै संसारा ।।

रामायण जो रचे बनाई ।
आदि कवी की पदवी पाई ।।

कालिदास जो भये विख्याता ।
तेरी कृपा दृष्टि से माता ।।

तुलसी सूर आदि विद्धाना ।
भये और जो ज्ञानी नाना ।।

तिन्हहिं न और रहेउ अवलम्बा ।
केवल कृपा आपकी अम्बा ।।

करहु कृपा सोइ मातु भवानी ।
दुखित दीन निज दासहि जानी ॥

पुत्र करै अपराध बहूता ।
तेहि न धरइ चित सुन्दर माता ॥

राखु लाज जननी अब मेरी ।
विनय करूं बहु भाँति घनेरी ॥

मैं अनाथ तेरी अवलंबा ।
कृपा करउ जय जय जगदंबा ॥

मधु कैटभ जो अति बलवाना ।
बाहुयुद्ध विष्णू ते ठाना ॥

समर हजार पांच में घोरा ।
फिर भी मुख उनसे नहिं मोरा ॥

मातु सहाय भई तेहि काला ।
बुद्धि विपरीत करी खलहाला ॥

तेहि ते मृत्यु भई खल केरी ।
पुरवहु मातु मनोरथ मेरी ॥

चंड मुण्ड जो थे विख्याता ।
छण महुं संहारेउ तेहि माता ॥

रक्तबीज से समरथ पापी ।
सुर-मुनि हृदय धरा सब कांपी ॥

काटेउ सिर जिम कदली खम्बा ।
बार बार बिनवउं जगदंबा ॥

जग प्रसिद्ध जो शुंभ निशुंभा ।
छिन में बधे ताहि तू अम्बा ॥

भरत-मातु बुधि फेरेउ जाई ।
रामचन्द्र बनवास कराई ॥

एहि विधि रावन वध तुम कीन्हा ।
सुर नर मुनि सब कहुं सुख दीन्हा ॥

को समरथ तव यश गुन गाना ।
निगम अनादि अनंत बखाना ॥

विष्णु रुद्र अज सकहिं न मारी ।
जिनकी हो तुम रक्षाकारी ॥

रक्त दन्तिका और शताक्षी ।
नाम अपार है दानव भक्षी ॥

दुर्गम काज धरा पर कीन्हा ।
दुर्गा नाम सकल जग लीन्हा ॥

दुर्ग आदि हरनी तू माता ।
कृपा करहु जब जब सुखदाता ॥

नृप कोपित जो मारन चाहै ।
कानन में घेरे मृग नाहै ॥

सागर मध्य पोत के भंगे ।
अति तूफान नहिं कोऊ संगे ॥

भूत प्रेत बाधा या दुःख में ।
हो दरिद्र अथवा संकट में ॥

नाम जपे मंगल सब होई ।
संशय इसमें करइ न कोई ॥

पुत्रहीन जो आतुर भाई ।
सबै छांड़ि पूजें एहि माई ॥

करै पाठ नित यह चालीसा ।
होय पुत्र सुन्दर गुण ईसा ॥

धूपादिक नैवेद्य चढ़ावै ।
संकट रहित अवश्य हो जावै ॥

भक्ति मातु की करै हमेशा ।
निकट न आवै ताहि कलेशा ॥

बंदी पाठ करें शत बारा ।
बंदी पाश दूर हो सारा ॥

करहु कृपा भवमुक्ति भवानी ।
मो कहं दास सदा निज जानी ॥

॥ दोहा ॥

माता सूरज कान्ति तव, अंधकार मम रूप ।
डूबन ते रक्षा करहु, परूं न मैं भव-कूप ॥

बल बुद्धि विद्या देहुं मोहि, सुनहु सरस्वति मातु ।
अधम रामसागरहिं तुम, आश्रय देउ पुनातु ॥

Shri Saraswati Mata Chalisa

Saraswati Chalisa is a devotional song based on Saraswati Mata. Saraswati Chalisa is a popular prayer composed of 40 verses. Recitation of Saraswati Chalisa is beneficial for those who seek knowledge and wisdom.

|| Doha ||

Janaka Janani Pada Kamala Raja,
Nija Mastaka Para Dhari |
Bandaun Matu Saraswati,
Buddhi Bala De Datari ||

Purna Jagata Mein Vyapta Tava,
Mahima Amita Anantu |
Ramsagara Ke Papa Ko,
Matu Tuhi Aba Hantu ||

|| Chaupai ||

Jai Shri Sakala Buddhi Balarasi |
Jai Sarvagya Amara Avinasi ||

Jai Jai Jai Veenakara Dhari |
Karati Sada Suhansa Savari ||

Rupa Chaturbhujadhari Mata |
Sakala Vishva Andara Vikhyata ||

Jaga Mein Papa Buddhi Jaba Hoti |
Jabahi Dharma Ki Phiki Jyoti ||

Tabahi Matu Le Nija Avatara |
Papa Hina Karati Mahi Tara ||

Balmiki Ji The Baham Gyani |
Tava Prasada Janai Sansara ||

Ramayana Jo Rache Banai |
Adi Kavi Ki Padavi Pai ||

Kalidasa Jo Bhaye Vikhyata |
Teri Kripa Drishti Se Mata ||

Tulasi Sura Adi Vidvana |
Bhaye Aur Jo Gyani Nana ||

Tinhahi Na Aura Raheu Avalamba |
Kevala Kripa Apaki Amba ||

Karahu Kripa Soi Matu Bhavani |
Dukhita Dina Nija Dasahi Jani ||

Putra Karai Aparadha Bahuta |
Tehi Na Dharai Chita Sundara Mata ||

Rakhu Laja Janani Ab Meri |
Vinaya Karu Bahu Bhanti Ghaneri ||

Main Anatha Teri Avalamba |
Kripa Karau Jai Jai Jagadamba ||

Madhu Kaitabha Jo Ati Balavana |
Bahuyuddha Vishnu Te Thana ||

Samara Hajara Pancha Mein Ghora |
Phir Bhi Mukha Unase Nahi Mora ||

Matu Sahaya Bhai Tehi Kala |
Buddhi Viparita Kari Khalahala ||

Tehi Te Mrityu Bhai Khala Keri |
Purvahu Matu Manoratha Meri ||

Chanda Munda Jo The Vikhyata |
Chhana Mahu Sanhareu Tehi Mata ||

Raktabija Se Samaratha Papi |
Sur-Muni Hridaya Dhara Saba Kampi ||

Kateu Sira Jima Kadali Khamba |
Bara Bara Binavau Jagadamba ||

Jaga Prasiddha Jo Shumbha Nishumbha |
Chhina Mein Badhe Tahi Tu Amba ||

Bharata-Matu Budhi Phereu Jayi |
Ramachandra Banvasa Karai ||

Ehi Vidhi Ravana Vadha Tuma Kinha I
Sura Nara Muni Saba Kahun Sukha Dinha II

Ko Samarath Tava Yasha Guna Gana I
Nigama Anadi Ananta Bakhana II

Vishnu Rudra Aja Sakahin Na Mari I
Jinaki Ho Tuma Rakshakari II

Rakta Dantika Aur Shatakshi I
Nama Apar Hai Danava Bhakshi II

Durgama Kaja Dhara Para Kinha I
Durga Nama Sakala Jaga Linha II

Durga Adi Harani Tu Mata I
Kripa Karahu Jaba Jaba Sukhadata II

Nripa Kopita Jo Marana Chahai I
Kanana Mein Ghere Mriga Nahai II

Sagara Madhya Pota Ke Bhange I
Ati Toofana Nahi Kou Sange II

Bhuta Preta Badha Ya Dukha Mein I
Ho Daridra Athava Sankata Mein II

Nama Jape Mangala Saba Hoi I
Sanshaya Isamein Karai Na Koi II

Putrahina Jo Atura Bhai ।
Sabai Chhandi Puje Ehi Mayi ॥

Karai Patha Nita Yah Chalisa ।
Hoya Putra Sundara Guna Isa ॥

Dhupadika Naivedya Chadhavai ।
Sankata Rahita Avashya Ho Javai ॥

Bhakti Matu Ki Karai Hamesha ।
Nikata Na Avai Tahi Kalesha ॥

Bandi Patha Karein Shata Bara ।
Bandi Pasha Dura Ho Sara ॥

Karahu Kripa Bhavamukti Bhavani ।
Mo Kahan Dasa Sada Nija Jani ॥

॥ Doha ॥

Mata Suraja Kanti Tava,
Andhakara Mama Rupa ।
Dubana Te Raksha Karahu,
Paruma Na Main Bhava-Kupa ॥

Bala Buddhi Vidya Dehu Mohi,
Sunahu Saraswati Matu ।
Adhama Ramasagarahim Tuma,
Ashraya Deu Punatu ॥

श्री तुलसी माता चालीसा

तुलसी चालीसा एक भक्ति गीत है जो तुलसी माता पर आधारित है। तुलसी चालीसा एक लोकप्रिय प्रार्थना है जो 40 छन्दों से बनी है।

श्री

॥ दोहा ॥

जय जय तुलसी भगवती,
सत्यवती सुखदानी ।
नमो नमो हरि प्रेयसी,
श्री वृन्दा गुन खानी ॥

श्री हरि शीश बिरजिनी,
देहु अमर वर अम्ब ।
जनहित हे वृन्दावनी,
अब न करहु विलम्ब ॥

॥ चौपाई ॥

धन्य धन्य श्री तुलसी माता ।
महिमा अगम सदा श्रुति गाता ॥

हरि के प्राणहु से तुम प्यारी ।
हरिहिं हेतु कीन्हो तप भारी ॥

जब प्रसन्न है दर्शन दीन्ह्यो ।
तब कर जोरी विनय उस कीन्ह्यो ॥

हे भगवन्त कन्त मम होहू ।
दीन जानी जनि छाडाहू छोहु ॥

सुनी लक्ष्मी तुलसी की बानी।
दीन्हो श्राप कध पर आनी ॥

उस अयोग्य वर मांगन हारी ।
होहू विटप तुम जड़ तनु धारी ॥

सुनी तुलसी हीं श्रप्यो तेहिं ठामा ।
करहु वास तुहू नीचन धामा ॥

दियो वचन हरि तब तत्काला ।
सुनहु सुमुखी जनि होहू बिहाला ॥

समय पाई व्हौ रौ पाती तोरा ।
पुजिहौ आस वचन सत मोरा ॥

तब गोकुल मह गोप सुदामा ।
तासु भई तुलसी तू बामा ॥

कृष्ण रास लीला के माही ।
राधे शक्यो प्रेम लखी नाही ॥

दियो श्राप तुलसिह तत्काला ।
नर लोकही तुम जन्महु बाला ॥

यो गोप वह दानव राजा ।
शंख चुड नामक शिर ताजा ॥

तुलसी भई तासु की नारी ।
परम सती गुण रूप अगारी ॥

अस द्वै कल्प बीत जब गयऊ ।
कल्प तृतीय जन्म तब भयऊ ॥

वृन्दा नाम भयो तुलसी को ।
असुर जलन्धर नाम पति को ॥

करि अति द्वन्द अतुल बलधामा ।
लीन्हा शंकर से संग्राम ॥

जब निज सैन्य सहित शिव हारे ।
मरही न तब हर हरिही पुकारे ॥

पतिव्रता वृन्दा थी नारी ।
कोऊ न सके पतिहि संहारी ॥

तब जलन्धर ही भेष बनाई ।
वृन्दा ढिग हरि पहुच्यो जाई ॥

शिव हित लही करि कपट प्रसंगा ।
कियो सतीत्व धर्म तोही भंगा ॥

भयो जलन्धर कर संहारा ।
सुनी उर शोक उपारा ॥

तिही क्षण दियो कपट हरि टारी ।
लखी वृन्दा दुःख गिरा उचारी ॥

जलन्धर जस हत्यो अभीता ।
सोई रावन तस हरिही सीता ॥

अस प्रस्तर सम हृदय तुम्हारा ।
धर्म खण्डी मम पतिहि संहारा ॥

यही कारण लही श्राप हमारा ।
होवे तनु पाषाण तुम्हारा ॥

सुनी हरि तुरतहि वचन उचारे ।
दियो श्राप बिना विचारे ॥

लख्यो न निज करतूती पति को ।
छलन चह्यो जब पारवती को ॥

जड़मति तुहु अस हो जड़रूपा ।
जग मह तुलसी विटप अनूपा ॥

धग्व रूप हम शालिग्रामा ।
नदी गण्डकी बीच ललामा ॥

जो तुलसी दल हमही चढ़ इहैं ।
सब सुख भोगी परम पद पईहै ॥

बिनु तुलसी हरि जलत शरीरा ।
अतिशय उठत शीश उर पीरा ॥

जो तुलसी दल हरि शिर धारत ।
सो सहस्र घट अमृत डारत ॥

तुलसी हरि मन रंजनी हारी ।
रोग दोष दुःख भंजनी हारी ॥

प्रेम सहित हरि भजन निरन्तर।
तुलसी राधा में नाही अन्तर ॥

व्यन्जन हो छप्पनहु प्रकारा।
बिनु तुलसी दल न हरिहि प्यारा ॥

सकल तीर्थ तुलसी तरु छाही।
लहत मुक्ति जन संशय नाही ॥

कवि सुन्दर इक हरि गुण गावत।
तुलसिहि निकट सहसगुण पावत ॥

बसत निकट दुर्बासा धामा।
जो प्रयास ते पूर्व ललामा ॥

पाठ करहि जो नित नर नारी।
होही सुख भाषहि त्रिपुरारी ॥

॥ दोहा ॥

तुलसी चालीसा पढ़ही,
तुलसी तरु ग्रह धारी।

दीपदान करि पुत्र फल,
पावही बन्ध्यहु नारी ॥

सकल दुःख दरिद्र हरि,
हार ह्वै परम प्रसन्न ।
आशिय धन जन लड़हि,
ग्रह बसही पूर्णा अत्र ॥

लाही अभिमत फल जगत,
मह लाही पूर्ण सब काम ।
जेई दल अर्पही तुलसी तंह,
सहस बसही हरीराम ॥

तुलसी महिमा नाम लख,
तुलसी सूत सुखराम ।
मानस चालीस रच्यो,
जग महं तुलसीदास ॥

Shri Tulasi Mata Chalisa

Tulasi Chalisa is a devotional song based on Tulasi Mata. Tulasi Chalisa is a popular prayer composed of 40 verses.

|| Doha ||

Jai Jai Tulasi Bhagavati,
Satyavati Sukhadani |
Namo Namo Hari Preyasi,
Shri Vrinda Guna Khani ||

Shri Hari Shisha Birajini,
Dehu Amara Vara Amba |
Janhita He Vrindavani,
Ab Na Karahu Vilamba ||

|| Chaupai ||

Dhanya Dhanya Shri Tulasi Mata |
Mahima Agama Sada Shruti Gata ||

Hari Ke Pranahu Se Tuma Pyari |
Harihi Hetu Kinho Tapa Bhari ||

Jaba Prasanna Hai Darshana Dinhyo |
Taba Kara Jori Vinaya Usa Kinhyo ||

He Bhagvanta Kanta Mama Hohu |
Dina Jani Jan Chhadahu Chhohu ||

Suni Lakshmi Tulasi Ki Bani |
Dinho Shrapa Kadha Para Ani ||

Us Ayogya Vara Mangana Hari |
Hohu Vitapa Tuma Jada Tanu Dhari ||

Suni Tulasihi Shrapyo Tehim Thama |
Karhu Vaas Tuhu Neechan Dhama ||

Diyo Vachan Hari Tab Tatkala |
Sunahu Sumukhi Jani Hohu Bihala ||

Samaya Payi Vhau Rau Pati Tora |
Pujihau Asa Vachana Sata Mora ||

Taba Gokula Mah Gopa Sudama |
Tasu Bhai Tulasi Tu Bama ||

Krishna Rasa Lila Ke Mahi |
Radhe Shakyo Prema Lakhi Nahi ||

Diyo Shrapa Tulasih Tatkala |
Nara Lokahi Tuma Janmahu Bala ||

Yo Gopa Vah Danava Raja |
Shankha Chuda Namaka Shira Taja ||

Tulasi Bhai Tasu Ki Nari |
Parama Sati Guna Rupa Agari ||

Asa Dvai Kalpa Bita Jaba Gayau |
Kalpa Tritiya Janma Taba Bhayau ||

Vrinda Nama Bhayo Tulasi Ko |
Asura Jalandhara Nama Pati Ko ||

Kari Ati Dvanda Atula Baldhama |
Linha Shankara Se Sangrama ||

Jaba Nija Sainya Sahita Shiva Hare |
Marahi Na Taba Hara Harihi Pukare ||

Pativrata Vrinda Thi Nari |
Kou Na Sake Patihi Sanhari ||

Taba Jalandhara Hi Bhesha Banayi |
Vrinda Dhiga Hari Pahuchyo Jayi ||

Shiva Hita Lahi Kari Kapata Prasanga |
Kiyo Satitva Dharma Tohi Bhanga ||

Bhayo Jalandhara Kara Sanhara |
Suni Ura Shoka Upara ||

Tihi Kshana Diyo Kapata Hari Tari |
Lakhi Vrinda Dukha Gira Uchari ||

Jalandhara Jasa Hatyo Abhita |
Soi Ravana Tasa Harihi Sita ||

Asa Prastara Sama Hridaya Tumhara |
Dharma Khandi Mama Patihi Sanhara ||

Yahi Karana Lahi Shrapa Hamara |
Hove Tanu Pashana Tumhara ||

Suni Hari Turatahi Vachana Uchare |
Diyo Shrapa Bina Vichare ||

Lakhyo Na Nija Kartuti Pati Ko |
Chhalana Chahyo Jaba Parvati Ko ||

Jadmati Tuhu Asa Ho Jadarupa |
Jag Mah Tulasi Vitapa Anupa ||

Dhagva Rupa Hama Shaligrama |
Nadi Gandaki Bicha Lalama ||

Jo Tulasi Dala Hamhi Chadha Ihai |
Saba Sukha Bhogi Parama Pada Paihai ||

Binu Tulasi Hari Jalata Sharira |
Atishaya Uthata Shisha Ur Pira ||

Jo Tulasi Dala Hari Shisha Dharata |
So Sahasra Ghata Amrita Darata ||

Tulasi Hari Mana Ranjani Hari |
Roga Dosha Dukha Bhanjani Hari ||

Prema Sahita Hari Bhajana Nirantara |
Tulasi Radha Mein Nahi Antara ||

Vyanjana Ho Chhappanahu Prakara |
Binu Tulasi Dala Na Harihi Pyara ||

Sakala Tirtha Tulasi Taru Chhahi |
Lahata Mukti Jana Sanshaya Nahi ||

Kavi Sundara Ika Hari Guna Gavata |
Tulasihi Nikata Sahasguna Pavata ||

Basata Nikata Durbasa Dhama |
Jo Prayasa Te Purva Lalama ||

Patha Karahi Jo Nita Nara Nari |
Hohi Sukh Bhashahi Tripurari ||

|| Doha ||

Tulasi Chalisa Padhahi,
Tulasi Taru Graha Dhari |
Dipadana Kari Putra Phala,
Pavahi Bandhyahu Nari ||

Sakal Dukha Daridra Hari,
Har Hvai Param Prasanna |
Aashiya Dhana Jana Ladahi,
Graha Basahi Purna Atra ||

Lahi Abhimata Phala Jagata,
Mah Lahi Purna Saba Kama |
Jei Dala Arpahi Tulasi Tah,
Sahasa Basahi Harirama ||

Tulasi Mahima Nama Lakha,
Tulasi Suta Sukhrama |
Manasa Chalisa Rachyo,
Jaga Mah Tulasidas ||

श्री शीतला माता चालीसा

शीतला चालीसा एक भक्ति गीत है जो शीतला माता पर आधारित है। शीतला चालीसा एक लोकप्रिय प्रार्थना है जो 40 छन्दों से बनी है। शीतला माता के भक्त अपनी मनोकामनाओं की पूर्ति के लिए इस चालीसा का पाठ करते हैं।

॥ दोहा ॥

जय-जय माता शीतला,
तुमहिं धरै जो ध्यान ।
होय विमल शीतल हृदय,
विकसै बुद्धि बलज्ञान ॥

॥ चौपाई ॥

जय-जय-जय शीतला भवानी ।
जय जग जननि सकल गुणखानी ॥

गृह-गृह शक्ति तुम्हारी राजित ।
पूरण शरदचन्द्र समसाजित ॥

विस्फोटक से जलत शरीरा ।
शीतल करत हरत सब पीरा ॥

मातु शीतला तव शुभनामा ।
सबके गाढ़े आवहिं कामा ॥

शोकहरी शंकरी भवानी ।
बाल-प्राणरक्षी सुख दानी ॥

शुचि मार्जनी कलश करराजै ।
मस्तक तेज सूर्य समराजै ॥

चौसठ योगिन संग में गावैं ।
वीणा ताल मृदंग बजावै ॥

नृत्य नाथ भैरो दिखरावैं ।
सहज शेष शिव पार ना पावैं ॥

धन्य-धन्य धात्री महारानी ।
सुरनर मुनि तब सुयश बखानी ॥

ज्वाला रूप महा बलकारी ।
दैत्य एक विस्फोटक भारी ॥

घर-घर प्रविशत कोई न रक्षत ।
रोग रूप धरि बालक भक्षत ॥

हाहाकार मच्यो जगभारी ।
सक्यो न जब संकट टारी ॥

तब मैया धरि अद्भुत रूपा ।
करमें लिये मार्जनी सूपा ॥

विस्फोटकहिं पकड़ि कर लीन्ह्यो ।
मुसल प्रहार बहुविधि कीन्ह्यो ॥

बहुत प्रकार वह विनती कीन्हा ।
मैया नहीं भल मैं कछु चीन्हा ॥

अबनहिं मातु, काहुगृह जइहौं ।
जहँ अपवित्र सकल दुःख हरिहौं ॥

भभकत तन, शीतल ह्वै जइहैं ।
विस्फोटक भयघोर नसइहैं ॥

श्री शीतलहिं भजे कल्याना ।
वचन सत्य भाषे भगवाना ॥

विस्फोटक भय जिहि गृह भाई ।
भजै देवि कहँ यही उपाई ॥

कलश शीतला का सजवावै ।
द्विज से विधिवत पाठ करावै ॥

तुम्हीं शीतला, जग की माता ।
तुम्हीं पिता जग की सुखदाता ॥

तुम्हीं जगद्धात्री सुखसेवी ।
नमो नमामि शीतले देवी ॥

नमो सुक्खकरणी दुःखहरणी ।
नमो-नमो जगतारणि तरणी ॥

नमो-नमो त्रैलोक्य वन्दिनी ।
दुखदारिद्रादिक कन्दिनी ॥

श्री शीतला, शेढ़ला, महला ।
रुणलीह्युणनी मातु मंदला ॥

हो तुम दिगम्बर तनुधारी ।
शोभित पंचनाम असवारी ॥

रासभ, खर बैशाख सुनन्दन ।
गर्दभ दुर्वाकंद निकन्दन ॥

सुमिरत संग शीतला माई ।
जाहि सकल दुख दूर पराई ॥

गलका, गलगन्डादि जुहोई ।
ताकर मंत्र न औषधि कोई ॥

एक मातु जी का आराधन ।
और नहिं कोई है साधन ॥

निश्चय मातु शरण जो आवै ।
निर्भय मन इच्छित फल पावै ॥

कोढ़ी, निर्मल काया धारै ।
अन्धा, दृग-निज दृष्टि निहारै ॥

वन्ध्या नारि पुत्र को पावै ।
जन्म दरिद्र धनी होई जावै ॥

मातु शीतला के गुण गावत ।
लखा मूक को छन्द बनावत ॥

यामे कोई करै जनि शंका ।
जग मे मैया का ही डंका ॥

भनत रामसुन्दर प्रभुदासा ।
तट प्रयाग से पूरब पासा ॥

पुरी तिवारी मोर निवासा ।
ककरा गंगा तट दुर्वासा ॥

अब विलम्ब मैं तोहि पुकारत ।
मातु कृपा कौ बाट निहारत ॥

पड़ा क्षर तव आस लगाई ।
रक्षा करहु शीतला माई ॥

॥ दोहा ॥

घट-घट वासी शीतला,
शीतल प्रभा तुम्हार ।
शीतल छइयां में झुलई,
मइया पलना डार ॥

Shri Shitala Mata Chalisa

Shitala Chalisa is a devotional song based on Shitala Mata. Shitala Chalisa is a popular prayer composed of 40 verses. Recitation of Shitala Chalisa takes place on most occasions related to Shitala Mata.

|| Doha ||

Jai Jai Mata Shitala,
Tumahin Dharai Jo Dhyana |
Hoya Vimal Shital Hridaya,
Vikasai Buddhi Balagyana ||

|| Chaupai ||

Jai Jai Jai Shitala Bhawani |
Jai Jaga Janani Sakala Gunakhani ||

Griha Griha Shakti Tumhari Rajita |
Purana Sharadachandra Samasajita ||

Visphotaka Se Jalata Sharira |
Shital Karata Harata Saba Pira ||

Matu Shitala Tava Shubhanama |
Sabake Gadhen Avahin Kama ||

Shokahari Shankari Bhawani |
Bala-Pranarakshi Sukha Dani ||

Shuchi Marjani Kalasha Kararajai |
Mastaka Teja Surya Samarajai ||

Chausatha Yogina Sanga Me Gavain |
Vina Tala Mridanga Bajavai ||

Nritya Natha Bhairo Dikharavain |
Sahaja Shesha Shiva Para Na Pavain ||

Dhanya Dhanya Dhatri Maharani |
Suranara Muni Taba Suyasha Bakhani ||

Jwala Rupa Maha Balakari |
Daitya Eka Visphotaka Bhari ||

Ghar-Ghar Pravishata Koi Na Rakshata |
Roga Rupa Dhari Balaka Bhakshata ||

Hahakara Machyo Jagabhari |
Sakyo Na Jaba Sankata Tari ||

Taba Maiya Dhari Adbhuta Rupa |
Karamen Liye Marjani Supa ||

Visphotakahin Pakadin Kar Linhyo |
Musala Prahara Bahuvidhi Kinhyo ||

Bahuta Prakara Vah Vinati Kinha |
Maiya Nahin Bhala Main Kachhu Chinha ||

Abanahin Matu, Kahugriha Jaihaun |
Jahan Apavitra Sakala Dukha Harihaun ||

Bhabhakata Tana, Shital Hvai Jaihain |
Visphotaka Bhayaghora Nasaihain ||

Shri Shitalahin Bhaje Kalyana |
Vachana Satya Bhashe Bhagawana ||

Visphotaka Bhaya Jihi Griha Bhai |
Bhajai Devi Kahan Yahi Upai ||

Kalasha Shitala Ka Sajavavai |
Dwija Se Vidhiwata Patha Karavai ||

Tumhin Shitala, Jaga Ki Mata |
Tumhin Pita Jaga Ki Sukhadata ||

Tumhin Jagaddhatri Sukhasevi |
Namo Namami Shitale Devi ||

Namo Sukkhakarani Dukhaharani |
Namo Namo Jagatarani Tarani ||

Namo Namo Trailokya Vandini |
Dukhadaridradika Kandini ||

Shri Shitala, Shedhala, Mahala |
Runalihyunani Matu Mandala ||

Ho Tuma Digambara Tanudhari |
Shobhita Panchanama Asawari ||

Rasabha, Khara Baishakha Sunandana |
Gardabha Durvakanda Nikandana ||

Sumirata Sanga Shitala Mayi |
Jahi Sakala Dukha Dura Parayi ||

Galaka, Galagandadi Juhoi |
Takara Mantra Na Aushadhi Koi ||

Eka Matu Ji Ka Aradhana |
Aura Nahin Koi Hai Sadhana ||

Nishchaya Matu Sharana Jo Avai |
Nirbhaya Man Ichchhita Phala Pavai ||

Kodhi, Nirmala Kaya Dharai |
Andha, Driga-Nija Drishti Niharai ||

Vandhya Nari Putra Ko Pavai |
Janma Daridra Dhani Hoi Javai ||

Matu Shitala Ke Guna Gavata |
Lakha Muka Ko Chhanda Banawata ||

Yame Koi Karai Jani Shanka |
Jaga Me Maiya Ka Hi Danka ||

Bhanata Ramasundara Prabhudasa |
Tat Prayaga Se Puraba Pasa ||

Puri Tiwari Mora Nivasa |
Kakara Ganga Tat Durvasa ||

Aba Vilamba Main Tohi Pukarata |
Matu Kripa Kau Bata Niharata ||

Pada Kshara Tava Asa Lagayi |
Raksha Karahu Shitala Mayi ||

|| Doha ||

Ghata Ghata Vasi Shitala,
Shital Prabha Tumhara |
Shital Chhaiyan Mein Jhulayi,
Maiya Palana Dara ||

श्री काली माता चालीसा

काली चालीसा एक भक्ति गीत है जो काली माता पर आधारित है। काली चालीसा एक लोकप्रिय प्रार्थना है जो 40 छन्दों से बनी है। काली को समय और परिवर्तन की देवी माना जाता है।

॥ दोहा ॥

जय काली जगदम्ब जय,
हरनि ओघ अघ पुंज ।
वास करहु निज दास के,
निशदिन हृदय निकुंज ॥

जयति कपाली कालिका,
कंकाली सुख दानि ।
कृपा करहु वरदायिनी,
निज सेवक अनुमानि ॥

॥ चौपाई ॥

जय जय जय काली कंकाली ।
जय कपालिनी, जयति कराली ॥

शंकर प्रिया, अपर्णा, अम्बा ।
जय कपर्दिनी, जय जगदम्बा ॥

आर्या, हला, अम्बिका, माया ।
कात्यायनी उमा जगजाया ॥

गिरिजा गौरी दुर्गा चण्डी ।
दाक्षाणायिनी शाम्भवी प्रचंडी ॥

पार्वती मंगला भवानी ।
विश्वकारिणी सती मृडानी ॥

सर्वमंगला शैल नन्दिनी ।
हेमवती तुम जगत वन्दिनी ॥

ब्रह्मचारिणी कालरात्रि जय ।
महारात्रि जय मोहरात्रि जय ॥

तुम त्रिमूर्ति रोहिणी कालिका ।
कूष्माण्डा कार्तिका चण्डिका ॥

तारा भुवनेश्वरी अनन्या ।
तुम्हीं छिन्नमस्ता शुचिधन्या ॥

धूमावती षोडशी माता ।
बगला मातंगी विख्याता ॥

तुम भैरवी मातु तुम कमला ।
रक्तदन्तिका कीरति अमला ॥

शाकम्भरी कौशिकी भीमा ।
महातमा अग जग की सीमा ॥

चन्द्रघण्टिका तुम सावित्री ।
ब्रह्मवादिनी मां गायत्री ॥

रुद्राणी तुम कृष्ण पिंगला ।
अग्निज्वाला तुम सर्वमंगला ॥

मेघस्वना तपस्विनि योगिनी ।
सहस्राक्षि तुम अगजग भोगिनी ॥

जलोदरी सरस्वती डाकिनी ।
त्रिदशेश्वरी अजेय लाकिनी ॥

पुष्टि तुष्टि धृति स्मृति शिव दूती ।
कामाक्षी लज्जा आहूती ॥

महोदरी कामाक्षि हारिणी ।
विनायकी श्रुति महा शाकिनी ॥

अजा कर्ममोही ब्रह्माणी ।
धात्री वाराही शर्वाणी ॥

स्कन्द मातु तुम सिंह वाहिनी ।
मातु सुभद्रा रहहु दाहिनी ॥

नाम रूप गुण अमित तुम्हारे ।
शेष शारदा बरणत हारे ॥

तनु छवि श्यामवर्ण तव माता ।
नाम कालिका जग विख्याता ॥

अष्टादश तब भुजा मनोहर ।
तिनमहँ अस्त्र विराजत सुन्दर ॥

शंख चक्र अरु गदा सुहावन ।
परिघ भुशण्डी घण्टा पावन ॥

शूल बज्र धनुबाण उठाए ।
निशिचर कुल सब मारि गिराए ॥

शुंभ निशुंभ दैत्य संहारे ।
रक्तबीज के प्राण निकारे ॥

चौंसठ योगिनी नाचत संगा ।
मद्यपान कीन्हैउ रण गंगा ॥

कटि किंकिणी मधुर नूपुर धुनि ।
दैत्यवंश कांपत जेहि सुनि-सुनि ॥

कर खप्पर त्रिशूल भयकारी ।
अहै सदा सन्तन सुखकारी ॥

शव आरूढ़ नृत्य तुम साजा ।
बजत मृदंग भेरी के बाजा ॥

रक्त पान अरिदल को कीन्हा ।
प्राण तजेउ जो तुम्हिं न चीन्हा ॥

लपलपाति जिव्हा तव माता ।
भक्तन सुख दुष्टन दुःख दाता ॥

लसत भाल सेंदुर को टीका ।
बिखरे केश रूप अति नीका ॥

मुंडमाल गल अतिशय सोहत ।
भुजामल किंकण मनमोहत ॥

प्रलय नृत्य तुम करहु भवानी ।
जगदम्बा कहि वेद बखानी ॥

तुम मशान वासिनी कराला ।
भजत तुरत काटहु भवजाला ॥

बावन शक्ति पीठ तव सुन्दर ।
जहाँ बिराजत विविध रूप धर ॥

विन्धवासिनी कहूँ बड़ाई ।
कहँ कालिका रूप सुहाई ॥

शाकम्भरी बनी कहँ ज्वाला ।
महिषासुर मर्दिनी कराला ॥

कामाख्या तव नाम मनोहर ।
पुजवहिं मनोकामना द्रुततर ॥

चंड मुंड वध छिन महं करेउ ।
देवन के उर आनन्द भरेउ ॥

सर्व व्यापिनी तुम माँ तारा ।
अरिदल दलन लेहु अवतारा ॥

खलबल मचत सुनत हुँकारी ।
अगजग व्यापक देह तुम्हारी ॥

तुम विराट रूपा गुणखानी ।
विश्व स्वरूपा तुम महारानी ॥

उत्पत्ति स्थिति लय तुम्हरे कारण ।
करहु दास के दोष निवारण ॥

माँ उर वास करहू तुम अंबा ।
सदा दीन जन की अवलंबा ॥

तुम्हारो ध्यान धरै जो कोई ।
ता कहँ भीति कतहुँ नहिं होई ॥

विश्वरूप तुम आदि भवानी ।
महिमा वेद पुराण बखानी ॥

अति अपार तव नाम प्रभावा ।
जपत न रहन रंच दुःख दावा ॥

महाकालिका जय कल्याणी।
जयति सदा सेवक सुखदानी ॥

तुम अनन्त औदार्य विभूषण ।
कीजिए कृपा क्षमिये सब दूषण ॥

दास जानि निज दया दिखावहु ।
सुत अनुमानित सहित अपनावहु ॥

जननी तुम सेवक प्रति पाली ।
करहु कृपा सब विधि माँ काली ॥

पाठ करै चालीसा जोई ।
तापर कृपा तुम्हारी होई ॥

॥ दोहा ॥

जय तारा, जय दक्षिणा,
कलावती सुखमूल ।
शरणागत 'भक्त' है, रहहु
सदा अनुकूल ॥

Shri Kali Mata Chalisa

Kali Chalisa is a devotional song based on Kali Mata. Kali Chalisa is a popular prayer composed of 40 verses. Kali is considered the goddess of time and change.

|| Doha ||

Jai Kali Jagadamba Jai,
Harani Ogha Agha Punja |
Vasa Karahu Nija Dasa Ke,
Nishadina Hridaya Nikunja ||

Jayati Kapali Kalika,
Kankali Sukha Dani |
Kripa Karahu Varadayini,
Nija Sevaka Anumani ||

|| Chaupai ||

Jai Jai Jai Kali Kankali |
Jai Kapalini, Jayati Karali ||

Shankara Priya, Aparna, Amba |
Jai Kapardini, Jai Jagadamba ||

Arya, Hala, Ambika, Maya |
Katyayani Uma Jagajaya ||

Girija Gauri Durga Chandi |
Dakshanayini Shambhavi Prachandi ||

Parvati Mangala Bhavani |
Vishvakarini Sati Mridani ||

Sarvamangala Shaila Nandini |
Hemavati Tuma Jagata Vandini ||

Brahmacharini Kalaratri Jai |
Maharatri Jai Moharatri Jai ||

Tuma Trimurti Rohini Kalika |
Kushmanda Kartiki Chandika ||

Tara Bhuvaneshvari Ananya |
Tumahin Chhinnamasta Shuchidhanya ||

Dhumavati Shodashi Mata |
Bagala Matangi Vikhyata ||

Tuma Bhairavi Matu Tuma Kamala |
Raktadantika Kirati Amala ||

Shakambhari Kaushiki Bhima |
Mahatama Aga Jaga Ki Sima ||

Chandraghantika Tuma Savitri |
Brahmavadini Ma Gayatri ||

Rudrani Tuma Krishna Pingala |
Agnijvala Tuma Sarvamangala ||

Meghasvana Tapasvini Yogini |
Sahasrakshi Tuma Agajaga Bhogini ||

Jalodari Sarasvati Dakini |
Tridasheshvari Ajeya Lakini ||

Pushti Tushti Dhriti Smriti Shiva Duti |
Kamakshi Lajja Ahuti ||

Mahodari Kamakshi Harini |
Vinayaki Shruti Maha Shakini ||

Aja Karmamohi Brahmani |
Dhatri Varahi Sharvani ||

Skanda Matu Tuma Singha Vahini |
Matu Subhadra Rahahu Dahini ||

Nama Rupa Guna Amita Tumhare |
Shesha Sharada Baranata Hare ||

Tanu Chhavi Shyamavarna Tava Mata |
Nama Kalika Jaga Vikhyata ||

Ashtadasha Taba Bhuja Manohara |
Tinamahan Astra Virajata Sundara ||

Shankha Chakra Aru Gada Suhavana |
Parigha Bhushandi Ghanta Pavana ||

Shula Bajra Dhanuban Uthaye |
Nishichar Kula Sab Mari Giraye ||

Shumbha Nishumbha Daitya Sanhare |
Raktabija Ke Prana Nikare ||

Chaunsatha Yogini Nachata Sanga |
Madyapana Kinhaiu Rana Ganga ||

Kati Kinkini Madhura Nupura Dhuni |
Daityavansha Kampata Jehi Suni-Suni ||

Kara Khappara Trishula Bhayakari |
Ahai Sada Santana Sukhakari ||

Shava Arudha Nritya Tuma Saja |
Bajata Mridanga Bheri Ke Baja ||

Rakta Pana Aridala Ko Kinha |
Prana Tajeu Jo Tumhin Na Chinha ||

Lapalapati Jivha Tava Mata |
Bhaktana Sukha Dushtana Dukha Data ||

Lasata Bhala Sendura Ko Tiko |
Bikhare Kesh Rupa Ati Niko ||

Mundamala Gala Atishaya Sohata |
Bhujamala Kinkana Manamohata ||

Pralaya Nritya Tuma Karahu Bhavani |
Jagadamba Kahi Veda Bakhani ||

Tuma Mashana Vasini Karala |
Bhajata Turata Katahu Bhavajala ||

Bavana Shakti Pitha Tava Sundara |
Jahan Birajat Vividha Rupa Dhara ||

Vindhavasini Kahun Badayi |
Kahan Kalika Rupa Suhayi ||

Shakambhari Bani Kahan Jvala |
Mahishasura Mardini Karala ||

Kamakhya Tava Nama Manohara |
Pujavahin Manokamana Drutatara ||

Chanda Munda Vadha Chhina Maha Kareu |
Devana Ke Ura Ananda Bhareu ||

Sarva Vyapini Tuma Ma Tara I
Aridala Dalana Lehu Avatara II

Khalabala Machata Sunata Hunkari I
Agajaga Vyapaka Deha Tumhari II

Tuma Virata Rupa Gunakhani I
Vishva Svarupa Tuma Maharani II

Utpatti Sthiti Laya Tumhare Karana I
Karahu Dasa Ke Dosha Nivarana II

Maa Ura Vasa Karahu Tuma Amba I
Sada Dina Jana Ki Avalamba II

Tumharo Dhyana Dharai Jo Koyi I
Ta Kahan Bhiti Katahun Nahin Hoyi II

Vishvarupa Tuma Adi Bhavani I
Mahima Veda Purana Bakhani II

Ati Apara Tava Nama Prabhava I
Japata Na Rahana Rancha Dukha Dava II

Mahakalika Jai Kalyani I
Jayati Sada Sevaka Sukhadani II

Tuma Ananta Audarya Vibhushana I
Kijiye Kripa Kshamiye Saba Dushana II

Dasa Jani Nija Daya Dikhavahu |
Suta Anumanita Sahita Apanavahu ||

Janani Tuma Sevaka Prati Pali |
Karahu Kripa Saba Vidhi Ma Kali ||

Patha Karai Chalisa Joyi |
Tapara Kripa Tumhari Hoyi ||

|| Doha ||

Jai Tara, Jai Dakshina,
Kalavati Sukhamula |
Sharanagata 'Bhakta' Hai,
Rahahu Sada Anukula ||

श्री महाकाली माता चालीसा

महाकाली चालीसा एक भक्ति गीत है जो महाकाली माता पर आधारित है। महाकाली चालीसा एक लोकप्रिय प्रार्थना है जो 40 छन्दों से बनी है। महाकाली को समय और परिवर्तन की देवी माना जाता है।

॥ दोहा ॥

जय जय सीताराम के,
मध्यवासिनी अम्ब ।
देहु दर्श जगदम्ब,
अब करो न मातु विलम्ब ॥

जय तारा जय कालिका,
जय दश विद्या वृन्द ।
काली चालीसा रचत,
एक सिद्धि कवि हिन्द ॥

प्रातः काल उठ जो पढ़े,
दुपहरिया या शाम ।
दुःख दरिद्रता दूर हों,
सिद्धि होय सब काम ॥

॥ चौपाई ॥

जय काली कंकाल मालिनी ।
जय मंगला महा कपालिनी ॥

रक्तबीज बधकारिणि माता ।
सदा भक्त जननकी सुखदाता ॥

शिरो मालिका भूषित अंगे ।
जय काली जय मद्य मतंगे ॥

हर हृदयारविन्द सुविलासिनि ।
जय जगदम्बा सकल दुःख नाशिनि ॥

ह्रीं काली श्री महाकाली ।
क्रीं कल्याणी दक्षिणाकाली ॥

जय कलावती जय विद्यावती ।
जय तारा सुन्दरी महामति ॥

देहु सुबुद्धि हरहु सब संकट ।
होहु भक्त के आगे परगट ॥

जय ॐ कारे जय हुंकारे ।
महा शक्ति जय अपरम्पारे ॥

कमला कलियुग दर्प विनाशिनी ।
सदा भक्त जन के भयनाशिनी ॥

अब जगदम्ब न देर लगावहु ।
दुख दरिद्रता मोर हटावहु ॥

जयति कराल कालिका माता ।
कालानल समान द्युतिगाता ॥

जयशंकरी सुरेशि सनातनि ।
कोटि सिद्धि कवि मातु पुरातनि ॥

कपर्दिनी कलि कल्प बिमोचनि ।
जय विकसित नव नलिनविलोचनि ॥

आनन्द करणि आनन्द निधाना ।
देहुमातु मोहि निर्मल ज्ञाना ॥

करुणामृत सागर कृपामयी ।
होहु दुष्ट जनपर अब निर्दयी ॥

सकल जीव तोहि परम पियारा ।
सकल विश्व तोरे आधारा ॥

प्रलय काल में नर्तन कारिणि ।
जय जननी सब जग की पालनि ॥

महोदरी महेश्वरी माया ।
हिमगिरि सुता विश्व की छाया ॥

स्वछन्द रद मारद धुनि माही ।
गर्जत तुम्ही और कोउ नाही ॥

स्फुरति मणिगणाकार प्रताने ।
तारागण तू ब्योम विताने ॥

श्री धारे सन्तन हितकारिणी ।
अग्नि पाणि अति दुष्ट विदारिणि ॥

धूम्र विलोचनि प्राण विमोचनि ।
शुम्भ निशुम्भ मथनि वरलोचनि ॥

सहस भुजी सरोरुह मालिनी ।
चामुण्डे मरघट की वासिनी ॥

खप्पर मध्य सुशोणित साजी ।
मारेहु माँ महिषासुर पाजी ॥

अम्ब अम्बिका चण्ड चण्डिका ।
सब एके तुम आदि कालिका ॥

अजा एकरूपा बहुरूपा ।
अकथ चरित्र तव शक्ति अनूपा ॥

कलकत्ता के दक्षिण द्वारे ।
मूरति तोर महेशि अपारे ॥

कादम्बरी पानरत श्यामा ।
जय मातंगी काम के धामा ॥

कमलासन वासिनी कमलायनि ।
जय श्यामा जय जय श्यामायनि ॥

मातंगी जय जयति प्रकृति हे ।
जयति भक्ति उर कुमति सुमति है ॥

कोटिब्रह्म शिव विष्णु कामदा ।
जयति अहिंसा धर्म जन्मदा ॥

जल थल नभमण्डल में व्यापिनी ।
सौदामिनि मध्य अलापिनि ॥

झननन तच्छु मरिरिन नादिनि ।
जय सरस्वती वीणा वादिनी ॥

ॐ ऐं ह्रीं क्लीं चामुण्डायै विच्चे ।
कलित कण्ठ शोभित नरमुण्डा ॥

जय ब्रह्माण्ड सिद्धि कवि माता ।
कामाख्या और काली माता ॥

हिंगलाज विन्ध्याचल वासिनी ।
अट्टहासिनी अरु अघन नाशिनी ॥

कितनी स्तुति करूँ अखण्डे ।
तू ब्रह्माण्डे शक्तिजितचण्डे ॥

करहु कृपा सबपे जगदम्बा ।
रहहिं निशंक तोर अवलम्बा ॥

चतुर्भुजी काली तुम श्यामा ।
रूप तुम्हार महा अभिरामा ॥

खड्ग और खप्पर कर सोहत ।
सुर नर मुनि सबको मन मोहत ॥

तुम्हरि कृपा पावे जो कोई ।
रोग शोक नहिं ताकहँ होई ॥

जो यह पाठ करे चालीसा ।
तापर कृपा करहि गौरीशा ॥

॥ दोहा ॥

जय कपालिनी जय शिवा,
जय जय जय जगदम्ब ।
सदा भक्तजन केरि दुःख हरहु,
मातु अवलम्ब ॥

Shri Mahakali Mata Chalisa

Mahakali Chalisa is a devotional song based on Mahakali Mata. Mahakali Chalisa is a popular prayer composed of 40 verses. Mahakali is considered the goddess of time and change.

|| Doha ||

Jai Jai Sitarama Ke,
Madhyavasini Amba |
Dehu Darsha Jagdamba,
Aba Karo Na Matu Vilamba ||

Jai Tara Jai Kalika,
Jai Dasha Vidya Vrinda |
Kali Chalisa Rachata,
Eka Siddha Kavi Hinda ||

Pratah Kala Utha Jo Padhey,
Dupahariya Ya Shyama |
Dukha Daridrata Dura Ho,
Siddhi Hoye Saba Kama ||

|| Chaupai ||

Jai Kali Kankala Malini |
Jai Mangala Maha Kapalini ||

Raktabija Badhakarini Mata |
Sada Bhakata Jananki Sukhadata ||

Shiro Malika Bhushita Ange |
Jai Kali Jai Madhya Matange ||

Hara Hridayaravinda Suvilasini |
Jai Jagdamba Sakala Dukha Nashini ||

Hing Kali Shri Mahakarali |
Kring Kalyani Dakshinakali ||

Jai Kalavati Jai Vidyavati |
Jai Tara Sundari Mahamati ||

Dehu Subuddhi Harahu Saba Sankata |
Hohu Bhakata Ke Age Paragata ||

Jai Om Kare Jai Hungkare |
Maha Shakti Jai Aprampare ||

Kamala Kalyuga Darpa Vinashini |
Sada Bhakata Jana Ke Bhayanashini ||

Aba Jagdamba Na Dera Lagavahu |
Dukha Daridrata Mora Hatavahu ||

Jayati Karala Kalika Mata |
Kalanala Samana Dhutigata ||

Jaishankari Sureshi Sanatani |
Koti Sidhi Kavi Matu Puratani ||

Kapardini Kali Kalpa Bimochani |
Jai Vikasita Nava Nalinabilochani ||

Ananda Karni Ananda Nidhana |
Dehumatu Mohi Nirmala Gyana ||

Karunamrita Sagara Kripamayi |
Hohu Dushta Janpara Aba Nirdayi ||

Sakala Jiva Tohi Parama Piyara |
Sakala Vishva Tore Adhara ||

Parlaya Kala Mai Nartana Karini |
Jai Janani Saba Jagaki Palani ||

Mahodari Maheshwari Maya |
Himgiri Suta Vishva Ki Chhaya ||

Svachanda Rada Marada Dhuni Mahi |
Garjata Tumahi Aur Kou Nahi ||

Sphurti Maniganakara Pratane |
Taragana Tu Byoma Vitane ||

Shri Dhare Santana Hitakarini |
Agani Pani Ati Dushta Vidarini ||

Dhumra Vilochani Prana Vimochani |
Shumbha Nishumbha Mathani Varalochani ||

Sahasa Bhuji Saroruha Malini |
Chamunde Maraghata Ki Vasini ||

Khappara Madhya Sushonita Saji |
Marehu Ma Mahishasura Paji ||

Amba Ambika Chanda Chandika |
Saba Eka Tuma Adi Kalika ||

Aja Ekarupa Bahurupa |
Akatha Chatritra Tab Shakti Anupa ||

Kalkatta Ke Dakshina Dvare |
Murati Tora Maheshi Apare ||

Kadambari Panarata Shyama |
Jai Matangi Kama Ke Dhama ||

Kamalasana Vasini Kamalayani |
Jai Shyama Jai Jai Shyamayani ||

Matangi Jai Jayati Prakriti Hai |
Jayati Bhakati Ura Kumati Sumati Hai ||

Kotibrahma Shiva Vishnu Kamada |
Jayati Ahinsa Dharama Janmada ||

Jala Thala Nabhamandala Me Vyapini |
Saudamini Madhya Alapini ||

Jhananana Tachhu Maririna Nadini |
Jai Sarasvati Vina Vadini ||

Om Ae Hring Kling Chamundaya Vichche |
Kalita Kanda Shobhita Naramunda ||

Jai Brahmanda Siddhi Kavi Mata |
Kamakhya Aura Kali Mata ||

Hingalaja Vindhyachala Vasini |
Attahasini Aru Aghana Nashini ||

Kitani Stuti Karun Akhande |
Tu Brahmande Shaktijitachande ||

Karahu Kripa Sabape Jagadamba |
Rahahin Nishanka Tora Avalamba ||

Chaturabhuji Kali Tuma Shyama |
Rupa Tumhara Maha Abhirama ||

Khadaga Aura Khappara Kara Sohata |
Sura Nara Muni Sabako Mana Mohata ||

Tumhari Kripa Pave Jo Koyi |
Roga Shoka Nahin Takaha Hoyi ||

Jo Yah Patha Kare Chalisa |
Tapara Kripa Karahi Gourisha ||

|| Doha ||

Jai Kapalini Jai Shiva,
Jai Jai Jai Jagadamba |
Sada Bhaktajana Keri Dukha,
Harahu Matu Avalamba ||

श्री वैष्णो देवी माता चालीसा

वैष्णो चालीसा एक भक्ति गीत है जो वैष्णो माता पर आधारित है।

॥ दोहा ॥

गरुड़ वाहिनी वैष्णवी,
त्रिकुटा पर्वत धाम ।
काली, लक्ष्मी, सरस्वती,
शक्ति तुम्हें प्रणाम ॥

॥ चौपाई ॥

नमोः नमोः वैष्णो वरदानी ।
कलि काल मे शुभ कल्याणी ॥

मणि पर्वत पर ज्योति तुम्हारी ।
पिंडी रूप में हो अवतारी ॥

देवी देवता अंश दियो है ।
रत्नाकर घर जन्म लियो है ॥

करी तपस्या राम को पाऊँ ।
त्रेता की शक्ति कहलाऊँ ॥

कहा राम मणि पर्वत जाओ ।
कलियुग की देवी कहलाओ ॥

विष्णु रूप से कल्की बनकर ।
लूंगा शक्ति रूप बदलकर ॥

तब तक त्रिकुटा घाटी जाओ ।
गुफा अंधेरी जाकर पाओ ॥

काली-लक्ष्मी-सरस्वती माँ ।
करेंगी पोषण-पार्वती माँ ॥

ब्रह्मा, विष्णु, शंकर द्वारे ।
हनुमत भैरों प्रहरी प्यारे ॥

रिद्धि, सिद्धि चंवर डुलावें ।
कलियुग-वासी पूजत आवें ॥

पान सुपारी ध्वजा नारियल ।
चरणामृत चरणों का निर्मल ॥

दिया फलित वर माँ मुस्काई ।
करन तपस्या पर्वत आई ॥

कलि कालकी भड़की ज्वाला ।
इक दिन अपना रूप निकाला ॥

कन्या बन नगरोटा आई ।
योगी भैरों दिया दिखाई ॥

रूप देख सुन्दर ललचाया ।
पीछे-पीछे भागा आया ॥

कन्याओं के साथ मिली माँ ।
कौल-कंदौली तभी चली माँ ॥

देवा माई दर्शन दीना ।
पवन रूप हो गई प्रवीणा ॥

नवरात्रों में लीला रचाई ।
भक्त श्रीधर के घर आई ॥

योगिन को भण्डारा दीना ।
सबने रूचिकर भोजन कीना ॥

मांस, मदिरा भैरों मांगी ।
रूप पवन कर इच्छा त्यागी ॥

बाण मारकर गंगा निकाली ।
पर्वत भागी हो मतवाली ॥

चरण रखे आ एक शिला जब ।
चरण-पादुका नाम पड़ा तब ॥

पीछे भैरों था बलकारी ।
छोटी गुफा में जाय पधारी ॥

नौ माह तक किया निवासा ।
चली फोड़कर किया प्रकाशा ॥

आद्या शक्ति-ब्रह्म कुमारी ।
कहलाई माँ आद कुंवारी ॥

गुफा द्वार पहुँची मुस्काई ।
लांगुर वीर ने आज्ञा पाई ॥

भागा-भागा भैरों आया ।
रक्षा हित निज शस्त्र चलाया ॥

पड़ा शीश जा पर्वत ऊपर ।
किया क्षमा जा दिया उसे वर ॥

अपने संग में पुजवाऊंगी ।
भैरों घाटी बनवाऊंगी ॥

पहले मेरा दर्शन होगा ।
पीछे तेरा सुमरन होगा ॥

बैठ गई माँ पिण्डी होकर ।
चरणों में बहता जल झर-झर ॥

चौंसठ योगिनी-भैंरो बरवन ।
सप्तऋषि आ करते सुमरन ॥

घंटा ध्वनि पर्वत पर बाजे ।
गुफा निराली सुन्दर लागे ॥

भक्त श्रीधर पूजन कीना ।
भक्ति सेवा का वर लीना ॥

सेवक ध्यानूं तुमको ध्याया ।
ध्वजा व चोला आन चढ़ाया ॥

सिंह सदा दर पहरा देता ।
पंजा शेर का दुःख हर लेता ॥

जम्बू द्वीप महाराज मनाया ।
सर सोने का छत्र चढ़ाया ॥

हीरे की मूरत संग प्यारी ।
जगे अखंड इक जोत तुम्हारी ॥

आश्विन चैत्र नवराते आऊँ ।
पिण्डी रानी दर्शन पाऊँ ॥

सेवक 'शर्मा' शरण तिहारी ।
हरो वैष्णो विपत हमारी ॥

॥ दोहा ॥

कलियुग में महिमा तेरी,
है माँ अपरम्पार ।
धर्म की हानि हो रही,
प्रगट हो अवतार ॥

Shri Vaishno Devi Mata Chalisa

Vaishno Devi Chalisa is a devotional song based on Vaishno Mata.

|| Doha ||

Garuda Vahini Vaishnavi,
Trikuta Parvata Dhama |
Kali, Lakshmi, Sarasvati,
Shakti Tumhen Pranama ||

|| Chaupai ||

Namo Namo Vaishno Varadani |
Kali Kala Me Shubha Kalyani ||

Mani Parvata Para Jyoti Tumhari |
Pindi Rupa Mein Ho Avatari ||

Devi Devata Ansha Diyo Hai |
Ratnakara Ghara Janama Liyo Hai ||

Kari Tapasya Rama Ko Paun |
Treta Ki Shakti Kahalaun ||

Kaha Rama Mani Parvata Jao I
Kaliyuga Ki Devi Kahalao II

Vishnu Rupa Se Kalki Banakara I
Lunga Shakti Rupa Badalakara II

Taba Taka Trikuta Ghati Jao I
Gupha Andheri Jakar Pao II

Kali-Lakshmi-Sarasvati Maa I
Karengi Shoshana-Parvati Maa II

Brahma, Vishnu, Shankara Dware I
Hanumata Bhairon Prahari Pyare II

Riddhi, Siddhi Chanvara Dulaven I
Kaliyuga-Vasi Pujana Aven II

Pana Supari Dhvaja Nariyala I
Charanamrita Charanon Ka Nirmala II

Diya Phalita Vara Ma Muskayi I
Karana Tapasya Parvata Ayi II

Kali Kalaki Bhadaki Jvala I
Ik Dina Apana Rupa Nikala II

Kanya Bana Nagarota Ayi I
Yogi Bhairon Diya Dikhayi II

Rupa Dekha Sundara Lalachaya |
Pichhe-pichhe Bhaga Aya ||

Kanyaon Ke Satha Mili Ma |
Kaula-kandauli Tabhi Chali Ma ||

Deva Mayi Darshana Dina |
Pavana Rupa Ho Gayi Pravina ||

Navaratron Mein Lila Rachayi |
Bhakata Shridhara Ke Ghara Ayi ||

Yogina Ko Bhandara Dina |
Sabane Ruchikara Bhojana Kina ||

Mansa, Madira Bhairon Mangi |
Rupa Pavana Kara Ichchha Tyagi ||

Bana Marakara Ganga Nikali |
Parvata Bhagi Ho Matavali ||

Charana Rakhe Aa Eka Shila Jaba |
Charana-paduka Nama Pada Taba ||

Pichhe Bhairon Tha Balakari |
Choti Gupha Mein Jay Padhari ||

Nau Maha Taka Kiya Nivasa |
Chali Phodakara Kiya Prakasha ||

Adya Shakti-Brahma Kumari I
Kahalai Ma Ada Kunvari II

Gupha Dwara Pahunchi Muskai I
Langura Vira Ne Agya Pai II

Bhaga-Bhaga Bhairon Aya I
Raksha Hita Nija Shastra Chalaya II

Pada Shisha Ja Parvata Upara I
Kiya Kshama Ja Diya Use Vara II

Apane Sanga Mein Pujavaungi I
Bhairon Ghati Banavaungi II

Pahale Mera Darshana Hoga I
Pichhe Tera Sumarana Hoga II

Baitha Gayi Ma Pindi Hokara I
Charanon Mein Bahata Jala Jhara-Jhara II

Chaunsatha Yogini-Bhairon Barvana I
Saptrishi Aa Karate Sumarana II

Ghanta Dhvani Parvata Para Baje I
Gupha Nirali Sundara Lage II

Bhakta Shridhara Pujana Kina I
Bhakti Seva Ka Vara Lina II

Sevaka Dhyanun Tumako Dhyaya ।
Dhvaja Va Chola Ana Chadhaya ॥

Simha Sada Dara Pahara Deta ।
Panja Shera Ka Dukha Hara Leta ॥

Jambu Dvipa Maharaja Manaya ।
Sara Sone Ka Chhatra Chadhaya ॥

Hire Ki Murata Sanga Pyari ।
Jage Akhanda Ika Jota Tumhari ॥

Ashwina Chaitra Navarate Aun ।
Pindi Rani Darshana Paun ॥

Sevaka 'Sharma' Sharana Tihari ।
Haro Vaishno Vipata Hamari ॥

॥ Doha ॥

Kaliyuga Mein Mahima Teri,
Hai Ma Aparampara ।
Dharma Ki Hani Ho Rahi,
Pragata Ho Avatara ॥

श्री संतोषी माता चालीसा

संतोषी चालीसा एक भक्ति गीत है जो संतोषी माता पर आधारित है।

॥ दोहा ॥

श्री गणपति पद नाय सिर,
धरि हिय शारदा ध्यान ।
सन्तोषी मां की करुँ,
कीरति सकल बखान ॥

॥ चौपाई ॥

जय संतोषी मां जग जननी।
खल मति दुष्ट दैत्य दल हननी ॥

गणपति देव तुम्हारे ताता ।
रिद्धि सिद्धि कहलावहं माता ॥

माता-पिता की रहौ दुलारी ।
कीरति केहि विधि कहौं तुम्हारी ॥

क्रीट मुकुट सिर अनुपम भारी ।
कानन कुण्डल को छवि न्यारी ॥

सोहत अंग छटा छवि प्यारी ।
सुन्दर चीर सुनहरी धारी ॥

आप चतुर्भुज सुघड़ विशाला ।
धारण करहु गले वन माला ॥

निकट है गौ अमित दुलारी ।
करहु मयूर आप असवारी ॥

जानत सबही आप प्रभुताई ।
सुर नर मुनि सब करहिं बड़ाई ॥

तुम्हरे दरश करत क्षण माई ।
दुख दरिद्र सब जाय नसाई ॥

वेद पुराण रहे यश गाई ।
करहु भक्त की आप सहाई ॥

ब्रह्मा ढिंग सरस्वती कहाई ।
लक्ष्मी रूप विष्णु ढिंग आई ॥

शिव ढिंग गिरजा रूप बिराजी ।
महिमा तीनों लोक में गाजी ॥

शक्ति रूप प्रगटी जन जानी ।
रुद्र रूप भई मात भवानी ॥

दुष्टदलन हित प्रगटी काली ।
जगमग ज्योति प्रचंड निराली ॥

चण्ड मुण्ड महिषासुर मारे ।
शुम्भ निशुम्भ असुर हनि डारे ॥

महिमा वेद पुरनान बरनी ।
निज भक्तन के संकट हरनी ॥

रूप शारदा हंस मोहिनी ।
निरंकार साकार दाहिनी ॥

प्रगटाई चहुंदिश निज माया ।
कण कण में है तेज समाया ॥

पृथ्वी सूर्य चन्द्र अरु तारे ।
तव इंगित क्रम बद्ध हैं सारे ॥

पालन पोषण तुमहीं करता ।
क्षण भंगुर में प्राण हरता ॥

ब्रह्मा विष्णु तुम्हें नित ध्यावैं ।
शेष महेश सदा मन लावे ॥

मनोकमना पूरण करनी ।
पाप काटनी भव भय तरनी ॥

चित्त लगाय तुम्हें जो ध्याता ।
सो नर सुख सम्पत्ति है पाता ॥

बन्ध्या नारि तुमहिं जो ध्यावैं ।
पुत्र पुष्प लता सम वह पावैं ॥

पति वियोगी अति व्याकुलनारी ।
तुम वियोग अति व्याकुलयारी ॥

कन्या जो कोइ तुमको ध्यावै ।
अपना मन वांछित वर पावै ॥

शीलवान गुणवान हो मैया ।
अपने जन की नाव खिवैया ॥

विधि पूर्वक व्रत जो कोई करहीं ।
ताहि अमित सुख संपत्ति भरहीं ॥

गुड़ और चना भोग तोहि भावै ।
सेवा करै सो आनंद पावै ॥

श्रद्धा युक्त ध्यान जो धरहीं ।
सो नर निश्चय भव सों तरहीं ॥

उद्यापन जो करहि तुम्हारा ।
ताको सहज करहु निस्तारा ॥

नारि सुहागिन व्रत जो करती ।
सुख सम्पत्ति सों गोदी भरती ॥

जो सुमिरत जैसी मन भावा ।
सो नर वैसो ही फल पावा ॥

सात शुक्र जो व्रत मन धारे ।
ताके पूर्ण मनोरथ सारे ॥

सेवा करहि भक्ति युत जोई ।
ताको दूर दरिद्र दुख होई ॥

जो जन शरण माता तेरी आवै ।
ताके क्षण में काज बनावै ॥

जय जय जय अम्बे कल्यानी।
कृपा करौ मोरी महारानी॥

जो कोई पढ़ै मात चालीसा।
तापे करहिं कृपा जगदीशा॥

नित प्रति पाठ करै इक बारा।
सो नर रहै तुम्हारा प्यारा॥

नाम लेत ब्याधा सब भागे।
रोग दोष कबहूँ नहीं लागे॥

॥ दोहा ॥

सन्तोषी माँ के सदा,
बन्दहुँ पग निश वास।
पूर्ण मनोरथ हों सकल,
मात हरौ भव त्रास॥

Shri Santoshi Mata Chalisa

Santoshi Chalisa is a devotional song based on Goddess Santoshi.

|| Doha ||

Shri Ganapati Pada Naya Sira,
Dhari Hiya Sharada Dhyana |
Santoshi Ma Ki Karun,
Kirati Sakala Bakhana ||

|| Chaupai ||

Jai Santoshi Ma Jaga Janani |
Khala Mati Dushta Daitya Dala Hanani ||

Ganapati Deva Tumhare Tata |
Riddhi Siddhi Kahalavahan Mata ||

Mata-Pita Ki Rahau Dulari |
Kirati Kehi Vidhi Kahun Tumhari ||

Krita Mukuta Sira Anupama Bhari |
Kanana Kundala Ko Chhavi Nyari ||

Sohata Anga Chhata Chhavi Pyari |
Sundara Chira Sunahari Dhari ||

Apa Chaturbhuja Sughada Vishala |
Dharana Karahu Gale Vana Mala ||

Nikata Hai Gau Amita Dulari |
Karahu Mayura Apa Asavari ||

Janata Sabahi Apa Prabhutayi |
Sura Nara Muni Saba Karahi Badayi ||

Tumhare Darasha Karata Kshana Mayi |
Dukha Daridra Saba Jai Nasayi ||

Veda Purana Rahe Yasha Gayi |
Karahu Bhakta Ki Apa Sahayi ||

Brahma Dhinga Saraswati Kahayi |
Lakshmi Rupa Vishnu Dhinga Ayi ||

Shiva Dhinga Girija Rupa Viraji |
Mahima Tinon Loka Me Gaji ||

Shakti Rupa Pragati Jana Jani |
Rudra Rupa Bhaya Mata Bhavani ||

Dushtadalana Hita Pragati Kali |
Jagamaga Jyoti Prachanda Nirali ||

Chanda Munda Mahishasura Mare |
Shumbha Nishumbha Asura Hani Dare ||

Mahima Veda Puranan Barani |
Nija Bhaktana Ke Sankata Harani ||

Rupa Sharada Hansa Mohini |
Nirankara Sakara Dahini ||

Pragatai Chahundisha Nija Maya |
Kana Kana Mein Hai Teja Samaya ||

Prithvi Surya Chandra Aru Tare |
Tava Ingita Krama Baddha Hain Sare ||

Palana Poshana Tumahi Karata |
Kshana Bhangura Mein Prana Harata ||

Brahma Vishnu Tumhein Nita Dhyavain |
Shesha Mahesha Sada Mana Lave ||

Manokamana Purana Karani |
Papa Katani Bhava Bhaya Tarani ||

Chitta Lagaya Tumhe Jo Dhyata |
So Nara Sukha Sampatti Hai Pata ||

Bandhya Nari Tumahin Jo Dhyavain |
Putra Pushpa Lata Sama Vah Pavain ||

Pati Viyogi Ati Vyakulanari |
Tuma Viyoga Ati Vyakulayari ||

Kanya Jo Koi Tumako Dhyavai |
Apana Mana Vanchhita Vara Pavai ||

Shilavana Gunavana Ho Maiya |
Apane Jana Ki Nava Khivaiya ||

Vidhi Purvaka Vrata Jo Koi Karahi |
Tahi Amita Sukha Sampatti Bharahi ||

Guda Aur Chana Bhoga Tohi Bhavai |
Seva Karai So Ananda Pavai ||

Shraddha Yukta Dhyana Jo Dharahin |
So Nara Nishchaya Bhava So Tarahin ||

Udyapana Jo Karahi Tumhara |
Tako Sahaja Karahu Nistara ||

Nari Suhagina Vrata Jo Karati |
Sukha Sampatti So Godi Bharati ||

Jo Sumirata Jaisi Mana Bhava |
So Nar Vaiso Hi Phala Pava ||

Sata Shukra Jo Vrata Mana Dhare |
Take Purna Manoratha Sare ||

Seva Karahi Bhakti Yuta Joyi |
Tako Dura Daridra Dukha Hoyi ||

Jo Jan Sharana Mata Teri Avai |
Take Kshana Mein Kaja Banavai ||

Jai Jai Jai Ambe Kalyani |
Kripa Karau Mori Maharani ||

Jo Koi Padhai Mata Chalisa |
Tape Karahin Kripa Jagadisha ||

Nita Prati Patha Karai Ik Bara |
So Nara Rahai Tumhara Pyara ||

Nama Leta Byadha Saba Bhage |
Roga Dosha Kabahun Nahin Lage ||

|| Doha ||

Santoshi Ma Ke Sada,
Bandahun Paga Nisha Vasa |
Purna Manoratha Ho Sakala,
Mata Harau Bhava Trasa ||

श्री पार्वती माता चालीसा

पार्वती चालीसा एक भक्ति गीत है जो पार्वती माता पर आधारित है।

॥ दोहा ॥

जय गिरी तनये दक्षजे,
शम्भु प्रिये गुणखानि ।
गणपति जननी पार्वती,
अम्बे! शक्ति! भवानि ॥

॥ चौपाई ॥

ब्रह्मा भेद न तुम्हरो पावे ।
पंच बदन नित तुमको ध्यावे ॥

षड्मुख कहि न सकत यश तेरो ।
सहसबदन श्रम करत घनेरो ॥

तेऊ पार न पावत माता ।
स्थित रक्षा लय हित सजाता ॥

अधर प्रवाल सदृश अरुणारे ।
अति कमनीय नयन कजरारे ॥

ललित ललाट विलेपित केशर ।
कुंकुम अक्षत शोभा मनहर ॥

कनक बसन कंचुकी सजाए ।
कटी मेखला दिव्य लहराए ॥

कण्ठ मदार हार की शोभा ।
जाहि देखि सहजहि मन लोभा ॥

बालारुण अनन्त छबि धारी ।
आभूषण की शोभा प्यारी ॥

नाना रत्न जटित सिंहासन ।
तापर राजति हरि चतुरानन ॥

इन्द्रादिक परिवार पूजित ।
जग मृग नाग यक्ष रव कूजित ॥

गिर कैलास निवासिनी जय जय ।
कोटिक प्रभा विकासिन जय जय ॥

त्रिभुवन सकल कुटुम्ब तिहारी ।
अणु अणु महं तुम्हारी उजियारी ॥

हैं महेश प्राणेश! तुम्हारे ।
त्रिभुवन के जो नित रखवारे ॥

उनसो पति तुम प्राप्त कीन्ह जब ।
सुकृत पुरातन उदित भए तब ॥

बूढ़ा बैल सवारी जिनकी ।
महिमा का गावे कोउ तिनकी ॥

सदा श्मशान बिहारी शंकर ।
आभूषण हैं भुजंग भयंकर ॥

कण्ठ हलाहल को छबि छायी ।
नीलकण्ठ की पदवी पायी ॥

देव मगन के हित अस कीन्हों ।
विष लै आपु तिनहि अमि दीन्हों ॥

ताकी तुम पत्नी छवि धारिणि ।
दूरित विदारिणी मंगल कारिणि ॥

देखि परम सौन्दर्य तिहारो ।
त्रिभुवन चकित बनावन हारो ॥

भय भीता सो माता गंगा ।
लज्जा मय है सलिल तरंगा ॥

सौत समान शम्भु पहआयी ।
विष्णु पदाब्ज छोड़ि सो धायी ॥

तेहिकों कमल बदन मुरझायो ।
लखि सत्वर शिव शीश चढ़ायो ॥

नित्यानन्द करी बरदायिनी ।
अभय भक्त कर नित अनपायिनी ॥

अखिल पाप त्रयताप निकन्दिनि ।
माहेश्वरी हिमालय नन्दिनि ॥

काशी पुरी सदा मन भायी ।
सिद्ध पीठ तेहि आपु बनायी ॥

भगवती प्रतिदिन भिक्षा दात्री ।
कृपा प्रमोद सनेह विधात्री ॥

रिपुक्षय कारिणि जय जय अम्बे ।
वाचा सिद्ध करि अवलम्बे ॥

गौरी उमा शंकरी काली ।
अन्नपूर्णा जग प्रतिपाली ॥

सब जन की ईश्वरी भगवती ।
पतिप्राणा परमेश्वरी सती ॥

तुमने कठिन तपस्या कीनी ।
नारद सों जब शिक्षा लीनी ॥

अन्न न नीर न वायु अहारा ।
अस्थि मात्रतन भयउ तुम्हारा ॥

पत्र घास को खाद्य न भायउ ।
उमा नाम तब तुमने पायउ ॥

तप बिलोकि रिषि सात पधारे ।
लगे डिगावन डिगी न हारे ॥

तब तव जय जय जय उच्चारेउ ।
सप्तरिषि निज गेह सिधारेउ ॥

सुर विधि विष्णु पास तब आए ।
वर देने के वचन सुनाए ॥

मांगे उमा वर पति तुम तिनसों ।
चाहत जग त्रिभुवन निधि जिनसों ॥

एवमस्तु कहि ते दोऊ गए ।
सुफल मनोरथ तुमने लए ॥

करि विवाह शिव सों हे भामा ।
पुनः कहाई हर की बामा ॥

जो पढ़िहै जन यह चालीसा ।
धन जन सुख देइहै तेहि ईसा ॥

॥ दोहा ॥

कूट चन्द्रिका सुभग शिर,
जयति जयति सुख खानि ।
पार्वती निज भक्त हित,
रहहु सदा वरदानि ॥

Shri Parvati Mata Chalisa

Parvati Chalisa is a devotional song based on Parvati Mata.

|| Doha ||

Jai Giri Tanaye Dakshaje,
Shambhu Priye Gunakhani |
Ganapati Janani Parvati,
Ambe! Shakti! Bhavani ||

|| Chaupai ||

Brahma Bheda Na Tumharo Pave |
Pancha Badana Nita Tumako Dhyave ||

Shadmukha Kahi Na Sakata Yasha Tero |
Sahasabadana Shrama Karata Ghanero ||

Teu Para Na Pavata Mata |
Sthita Raksha Laya Hita Sajata ||

Adhara Pravala Sadrisha Arunare |
Ati Kamaniya Nayana Kajarare ||

Lalita Lalata Vilepita Keshara |
Kumkuma Akshata Shobha Manahara ||

Kanaka Basana Kanchuki Sajaye |
Kati Mekhala Divya Laharaye ||

Kantha Madara Hara Ki Shobha |
Jahi Dekhi Sahajahi Mana Lobha ||

Balaruna Ananta Chhabi Dhari |
Abhushana Ki Shobha Pyari ||

Nana Ratna Jatita Sinhasana |
Tapara Rajati Hari Chaturanana ||

Indradika Parivara Pujita |
Jaga Mriga Naga Yaksha Rava Kujita ||

Gira Kailasa Nivasini Jai Jai |
Kotika Prabha Vikasina Jai Jai ||

Tribhuvana Sakala Kutumba Tihari |
Anu Anu Maham Tumhari Ujiyari ||

Hain Mahesha Pranesha! Tumhare |
Tribhuvana Ke Jo Nita Rakhavare ||

Unaso Pati Tuma Prapta Kinha Jaba |
Sukrita Puratana Udita Bhae Taba ||

Budha Baila Savari Jinaki |
Mahima Ka Gave Kou Tinaki ||

Sada Shmashana Bihari Shankara |
Abhushana Hain Bhujanga Bhayankara ||

Kantha Halahala Ko Chhabi Chhayi |
Nilakantha Ki Padavi Payi ||

Deva Magana Ke Hita Asa Kinhon |
Visha Lai Apu Tinahi Ami Dinhon ||

Taki Tuma Patni Chhavi Dharini |
Durita Vidarini Mangala Karini ||

Dekhi Parama Saundarya Tiharo |
Tribhuvana Chakita Banavana Haro ||

Bhaya Bhita So Mata Ganga |
Lajja Maya Hai Salila Taranga ||

Sauta Samana Shambhu Pahaayi |
Vishnu Padabja Chhodi So Dhayi ||

Tehikon Kamala Badana Murajhayo |
Lakhi Satvara Shiva Shisha Chadhayo ||

Nityananda Kari Baradayini |
Abhaya Bhakta Kara Nita Anapayini ||

Akhila Papa Trayatapa Nikandini |
Maheshwari Himalaya Nandini ||

Kashi Puri Sada Mana Bhayi |
Siddha Pitha Tehi Apu Banayi ||

Bhagavati Pratidina Bhiksha Datri |
Kripa Pramoda Saneha Vidhatri ||

Ripukshaya Karini Jai Jai Ambe |
Vacha Siddha Kari Avalambe ||

Gauri Uma Shankari Kali |
Annapurna Jaga Pratipali ||

Saba Jana Ki Ishwari Bhagawati |
Patiprana Parmeshwari Sati ||

Tumane Kathina Tapasya Kini |
Narada So Jaba Shiksha Lini ||

Anna Na Nira Na Vayu Ahara |
Asthi Matratana Bhayau Tumhara ||

Patra Ghasa Ko Khadya Na Bhayau |
Uma Nama Taba Tumane Payau ||

Tapa Biloki Rishi Sata Padhare |
Lage Digavana Digi Na Hare ||

Taba Tava Jai Jai Jai Uchchareu I
Saptarishi Nija Geha Sidhareu II

Sura Vidhi Vishnu Pasa Taba Aye I
Vara Dene Ke Vachana Sunae II

Mange Uma Vara Pati Tuma Tinason I
Chahata Jaga Tribhuvana Nidhi Jinason II

Evamastu Kahi Te Dou Gaye I
Suphala Manoratha Tumane Laye II

Kari Vivaha Shiva Son He Bhama I
Punah Kahai Hara Ki Bama II

Jo Padhihai Jana Yah Chalisa I
Dhana Jana Sukha Deihai Tehi Isa II

II Doha II

Kuta Chandrika Subhaga Shira,
Jayati Jayati Sukha Khani I
Parvati Nija Bhakta Hita,
Rahahu Sada Varadani II

श्री बगलामुखी माता चालीसा

बगलामुखी चालीसा एक भक्ति गीत है जो बगलामुखी माता पर आधारित है।

॥ दोहा ॥

सिर नवाइ बगलामुखी,
लिखूँ चालीसा आज ।
कृपा करहु मोपर सदा,
पूरन हो मम काज ॥

॥ चौपाई ॥

जय जय जय श्री बगला माता ।
आदिशक्ति सब जग की त्राता ॥

बगला सम तब आनन माता ।
एहि ते भयउ नाम विख्याता ॥

शशि ललाट कुण्डल छवि न्यारी ।
अस्तुति करहिं देव नर-नारी ॥

पीतवसन तन पर तव राजै ।
हाथहिं मुद्गर गदा विराजै ॥

तीन नयन गल चम्पक माला ।
अमित तेज प्रकटत है भाला ॥

रत्न-जटित सिंहासन सोहै ।
शोभा निरखि सकल जन मोहै ॥

आसन पीतवर्ण महारानी ।
भक्तन की तुम हो वरदानी ॥

पीताभूषण पीतहिं चन्दन ।
सुर नर नाग करत सब वन्दन ॥

एहि विधि ध्यान हृदय में राखै ।
वेद पुराण सन्त अस भाखै ॥

अब पूजा विधि करौं प्रकाशा ।
जाके किये होत दुख-नाशा ॥

प्रथमहिं पीत ध्वजा फहरावै ।
पीतवसन देवी पहिरावै ॥

कुंकुम अक्षत मोदक बेसन ।
अबिर गुलाल सुपारी चन्दन ॥

माल्य हरिद्रा अरु फल पाना ।
सबहिं चढ़इ धरै उर ध्याना ॥

धूप दीप कर्पूर की बाती ।
प्रेम-सहित तब करै आरती ॥

अस्तुति करै हाथ दोउ जोरे ।
पुरवहु मातु मनोरथ मोरे ॥

मातु भगति तब सब सुख खानी ।
करहु कृपा मोपर जनजानी ॥

त्रिविध ताप सब दुःख नशावहु ।
तिमिर मिटाकर ज्ञान बढ़ावहु ॥

बार-बार मैं बिनवउँ तोहीं ।
अविरल भगति ज्ञान दो मोहीं ॥

पूजनान्त में हवन करावै ।
सो नर मनवांछित फल पावै ॥

सर्षप होम करै जो कोई ।
ताके वश सचराचर होई ॥

तिल तण्डुल संग क्षीर मिरावै ।
भक्ति प्रेम से हवन करावै ॥

दुःख दरिद्र व्यापै नहिं सोई ।
निश्चय सुख-संपति सब होई ॥

फूल अशोक हवन जो करई ।
ताके गृह सुख-सम्पत्ति भरई ॥

फल सेमर का होम करीजै ।
निश्चय वाको रिपु सब छीजै ॥

गुग्गुल घृत होमै जो कोई ।
तेहि के वश में राजा होई ॥

गुग्गुल तिल सँग होम करावै ।
ताको सकल बन्ध कट जावै ॥

बीजाक्षर का पाठ जो करहीं ।
बीजमन्त्र तुम्हरो उच्चरहीं ॥

एक मास निशि जो कर जापा ।
तेहि कर मिटत सकल सन्तापा ॥

घर की शुद्ध भूमि जहँ होई ।
साधक जाप करै तहँ सोई ॥

सोइ इच्छित फल निश्चय पावै ।
जामे नहिं कछु संशय लावै ॥

अथवा तीर नदी के जाई ।
साधक जाप करै मन लाई ॥

दस सहस्र जप करै जो कोई ।
सकल काज तेहि कर सिधि होई ॥

जाप करै जो लक्षहिं बारा ।
ताकर होय सुयश विस्तारा ॥

जो तव नाम जपै मन लाई ।
अल्पकाल महँ रिपुहिं नसाई ॥

सप्तरात्रि जो जापहिं नामा ।
वाको पूरन हो सब कामा ॥

नव दिन जाप करे जो कोई ।
व्याधि रहित ताकर तन होई ॥

ध्यान करै जो बन्ध्या नारी ।
पावै पुत्रादिक फल चारी ॥

प्रातः सायं अरु मध्याना ।
धरे ध्यान होवै कल्याना ॥

कहँ लगि महिमा कहौं तिहारी ।
नाम सदा शुभ मंगलकारी ॥

पाठ करै जो नित्य चालीसा ।
तेहि पर कृपा करहिं गौरीशा ॥

॥ दोहा ॥

सन्तशरण को तनय हूँ, कुलपति मिश्र सुनाम ।
हरिद्वार मण्डल बसूँ, धाम हरिपुर ग्राम ॥
उन्नीस सौ पिचानबे सन् की, श्रावण शुक्ला मास ।
चालीसा रचना कियौं, तव चरणन को दास ॥

Shri Bagalamukhi Mata Chalisa

Bagalamukhi Chalisa is a devotional song based on Bagalamukhi Mata.

|| Doha ||

Sira Navai Bagalamukhi,
Likhun Chalisa Aja |
Kripa Karahu Mopara Sada,
Purana Ho Mama Kaja ||

|| Chaupai ||

Jai Jai Jai Shri Bagala Mata |
Adishakti Saba Jaga Ki Trata ||

Bagala Sama Taba Anana Mata |
Ehi Te Bhayau Nama Vikhyata ||

Shashi Lalata Kundala Chhavi Nyari |
Astuti Karahin Deva Nara Nari ||

Pitavasana Tana Para Tava Rajai |
Hathahin Mudgara Gada Virajai ||

Tina Nayana Gala Champaka Mala |
Amita Teja Prakatata Hai Bhala ||

Ratna-Jatita Sinhasana Sohai |
Shobha Nirakhi Sakala Jana Mohai ||

Asana Pitavarna Maharani |
Bhaktana Ki Tuma Ho Varadani ||

Pitabhushana Pitahin Chandana |
Sura Nara Naga Karata Saba Vandana ||

Ehi Vidhi Dhyana Hridaya Mein Rakhai |
Veda Purana Santa Asa Bhakhai ||

Aba Puja Vidhi Karaun Prakasha |
Jake Kiye Hota Dukha Nasha ||

Prathamahin Pita Dhwaja Phaharavai |
Pitavasana Devi Pahiravai ||

Kumkuma Akshata Modaka Besana |
Abira Gulala Supari Chandana ||

Malya Haridra Aru Phala Pana |
Sabahin Chadhai Dharai Ura Dhyana ||

Dhupa Dipa Karpura Ki Bati |
Prema Sahita Taba Karai Arati ||

Astuti Karai Hatha Dou Jore |
Puravahu Matu Manoratha More ||

Matu Bhagati Taba Saba Sukha Khani |
Karahu Kripa Mopara Janajani ||

Trividha Tapa Saba Dukha Nashavahu |
Timira Mitakara Gyana Badhavahu ||

Bara-Bara Main Binavaun Tohin |
Avirala Bhagati Gyana Do Mohin ||

Pujananta Mein Havana Karavai |
So Nara Manavanchhita Phala Pavai ||

Sarshapa Homa Karai Jo Koi |
Take Vasha Sacharachara Hoi ||

Tila Tandula Sanga Kshira Miravai |
Bhakti Prema Se Havana Karavai ||

Dukha Daridra Vyapai Nahin Soi |
Nishchaya Sukha-Sampati Saba Hoi ||

Phula Ashoka Havana Jo Karai |
Take Griha Sukha-Sampatti Bharai ||

Phala Semara Ka Homa Karijai |
Nishchaya Vako Ripu Saba Chhijai ||

Guggula Ghrita Homai Jo Koi |
Tehi Ke Vasha Mein Raja Hoi ||

Guggula Tila Sanga Homa Karavai |
Tako Sakala Bandha Kata Javai ||

Bijakshara Ka Patha Jo Karahin |
Bijamantra Tumharo Uchcharahin ||

Eka Masa Nishi Jo Kara Japa |
Tehi Kara Mitata Sakala Santapa ||

Ghara Ki Shuddha Bhumi Jahan Hoi |
Sadhaka Japa Karai Tahan Soi ||

Soi Ichchhita Phala Nishchaya Pavai |
Jame Nahin Kachhu Sanshaya Lavai ||

Athava Tira Nadi Ke Jayi |
Sadhaka Japa Karai Mana Layi ||

Dasa Sahasra Japa Karai Jo Koi |
Sakala Kaja Tehi Kara Sidhi Hoi ||

Japa Karai Jo Lakshahin Bara |
Takara Hoya Suyasha Vistara ||

Jo Tava Nama Japai Mana Layi |
Alpakala Mahan Ripuhin Nasayi ||

Saptaratri Jo Japahin Nama |
Vako Purana Ho Saba Kama ||

Nava Dina Japa Kare Jo Koi |
Vyadhi Rahita Takara Tana Hoi ||

Dhyana Karai Jo Bandhya Nari |
Pavai Putradika Phala Chari ||

Pratah Sayan Aru Madhyana |
Dhare Dhyana Hovai Kalyana ||

Kahan Lagi Mahima Kahaun Tihari |
Nama Sada Shubha Mangalakari ||

Patha Karai Jo Nitya Chalisa |
Tehi Para Kripa Karahin Gaurisha ||

|| Doha ||

Santasharana Ko Tanaya Huan,
Kulapati Mishra Sunama |
Haridwara Mandala Basun,
Dhama Haripura Grama ||

Unnisa Sau Pichanabe San Ki,
Shravana Shukla Masa |
Chalisa Rachana Kiyaun,
Tava Charanana Ko Dasa ||

नदियों की देवियों की चालीसा

श्री गंगा माता चालीसा

गंगा चालीसा एक भक्ति गीत है जो गंगा माता पर आधारित है। गंगा चालीसा एक लोकप्रिय प्रार्थना है जो 40 छन्दों से बनी है। गंगा चालीसा का पाठ जीवन से सभी पापों को दूर कर देता है। हिन्दु धर्म में यह माना जाता है कि गंगा नदी में पवित्र स्नान करने से सभी पापों का नाश हो जाता है।

॥ दोहा ॥

जय जय जय जग पावनी, जयति देवसरि गंग ।
जय शिव जटा निवासिनी, अनुपम तुंग तरंग ॥

॥ चौपाई ॥

जय जय जननी हराना अघखानी ।
आनंद करनी गंगा महारानी ॥

जय भगीरथी सुरसरि माता ।
कलिमल मूल डालिनी विख्याता ॥

जय जय जहानु सुता अघ हनानी ।
भीष्म की माता जगा जननी ॥

धवल कमल दल मम तनु सजे ।
लखी शत शरद चन्द्र छवि लजाई ॥

वहां मकर विमल शुची सोहें ।
अमिया कलश कर लखी मन मोहें ॥

जदिता रत्ना कंचन आभूषण ।
हिय मणि हर, हरानितम दूषण ॥

जग पावनी त्रय ताप नासवनी ।
तरल तरंग तुंग मन भावनी ॥

जो गणपति अति पूज्य प्रधान ।
इहूं ते प्रथम गंगा अस्नाना ॥

ब्रह्मा कमंडल वासिनी देवी ।
श्री प्रभु पद पंकज सुख सेवि ॥

साथी सहस्र सागर सुत तरयो ।
गंगा सागर तीरथ धरयो ॥

अगम तरंग उठ्यो मन भावन ।
लखी तीरथ हरिद्वार सुहावन ॥

तीरथ राज प्रयाग अक्षैवेता ।
धरयो मातु पुनि काशी करवत ॥

धनी धनी सुरसरि स्वर्ग की सीधी ।
तरनी अमिता पितु पड़ पिरही ॥

भागीरथी ताप कियो उपारा ।
दियो ब्रह्म तव सुरसरि धारा ॥

जब जग जननी चल्यो हहराई ।
शम्भु जाता महं रह्यो समाई ॥

वर्षा पर्यंत गंगा महारानी ।
रहीं शम्भू के जाता भुलानी ॥

पुनि भागीरथी शम्भुहीं ध्यायो ।
तब इक बूंद जटा से पायो ॥

ताते मातु भें त्रय धारा ।
मृत्यु लोक, नाभा, अरु पातारा ॥

गईं पाताल प्रभावती नामा ।
मन्दाकिनी गई गगन ललामा ॥

मृत्यु लोक जाह्नवी सुहावनी ।
कलिमल हरनी अगम जग पावनि ॥

धनि मइया तब महिमा भारी ।
धर्म धुरी कलि कलुष कुठारी ॥

मातु प्रभवति धनि मंदाकिनी ।
धनि सुर सरित सकल भयनासिनी ॥

पन करत निर्मल गंगा जल ।
पावत मन इच्छित अनंत फल ॥

पुरव जन्म पुण्य जब जागत ।
तबहीं ध्यान गंगा महं लागत ॥

जई पगु सुरसरी हेतु उठावही ।
तई जगि अश्वमेघ फल पावहि ॥

महा पतित जिन कहू न तारे ।
तिन तारे इक नाम तिहारे ॥

शत योजन हूं से जो ध्यावहिं ।
निशचाई विष्णु लोक पद पावहीं ॥

नाम भजत अगणित अघ नाशै ।
विमल ज्ञान बल बुद्धि प्रकाशे ॥

जिमी धन मूल धर्म अरु दाना ।
धर्म मूल गंगाजल पाना ॥

तब गुन गुणन करत दुःख भाजत ।
गृह गृह सम्पति सुमति विराजत ॥

गंगहि नेम सहित नित ध्यावत ।
दुर्जनहूं सज्जन पद पावत ॥

उद्दिहिन विद्या बल पावै ।
रोगी रोग मुक्त हवे जावै ॥

गंगा गंगा जो नर कहहीं ।
भूखा नंगा कभुहुह न रहहि ॥

निकसत ही मुख गंगा माई ।
श्रवण दाबी यम चलहिं पराई ॥

महं अघिन अधमन कहं तारे ।
भए नरका के बंद किवारें ॥

जो नर जपी गंग शत नामा ।
सकल सिद्धि पूरण ह्वै कामा ॥

सब सुख भोग परम पद पावहीं ।
आवागमन रहित ह्वै जावहीं ॥

धनि मइया सुरसरि सुख दैनि ।
धनि धनि तीरथ राज त्रिवेणी ॥

ककरा ग्राम ऋषि दुर्वासा ।
सुन्दरदास गंगा कर दासा ॥

जो यह पढ़े गंगा चालीसा ।
मिली भक्ति अविरल वागीसा ॥

॥ दोहा ॥

नित नए सुख सम्पति लहैं,
धरें गंगा का ध्यान ।
अंत समाई सुर पुर बसल,
सदर बैठी विमान ॥

संवत भुत नभ्दिशी,
राम जन्म दिन चैत्र ।
पूरण चालीसा किया,
हरी भक्तन हित नेत्र ॥

Shri Ganga Mata Chalisa

Ganga Chalisa is a devotional song based on Ganga Mata. Ganga Chalisa is a popular prayer composed of 40 verses. Recitation of Ganga Chalisa washes away all the sins from one's life. In Hinduism, it is believed that a holy dip in Ganges River washes away all sins.

|| Doha ||

Jai Jai Jai Jaga Pavani, Jayati Devasari Ganga |
Jai Shiva Jata Nivasini, Anupama Tunga Taranga ||

|| Chaupai ||

Jai Jai Janani Harana Aghakhani |
Ananda Karani Ganga Maharani ||

Jai Bhagirathi Surasari Mata |
Kalimala Mula Dalini Vikhyata ||

Jai Jai Jahanu Suta Agha Hanani |
Bhishma Ki Mata Jaga Janani ||

Dhavala Kamala Dala Mama Tanu Saje |
Lakhi Shata Sharada Chandra Chhavi Lajai ||

Vaham Makara Vimala Shuchi Sohen |
Amiya Kalasha Kara Lakhi Mana Mohen ||

Jadita Ratna Kanchana Abhushana |
Hiya Mani Hara, Haranitama Dushana ||

Jaga Pavani Traya Tapa Nasavani |
Tarala Taranga Tunga Mana Bhavani ||

Jo Ganapati Ati Pujya Pradhana |
Ihum Te Prathama Ganga Asnana ||

Brahma Kamandala Vasini Devi |
Shri Prabhu Pada Pankaja Sukha Sevi ||

Sathi Sahasra Sagara Suta Tarayo |
Ganga Sagara Tiratha Dharayo ||

Agama Taranga Uthyo Mana Bhavana |
Lakhi Tiratha Haridvara Suhavana ||

Tiratha Raja Prayaga Akshaiveta |
Dharayo Matu Puni Kashi Karavata ||

Dhani Dhani Surasari Svarga Ki Sidhi |
Tarani Amita Pitu Pada Pirahi ||

Bhagirathi Tapa Kiyo Upara |
Diyo Brahma Tava Surasari Dhara ||

Jaba Jaga Janani Chalyo Haharayi |
Shambhu Jata Maham Rahyo Samayi ||

Varsha Paryanta Ganga Maharani |
Rahin Shambhu Ke Jata Bhulani ||

Puni Bhagirathi Shambhuhin Dhyayo |
Taba Ika Bunda Jata Se Payo ||

Tate Matu Bhein Traya Dhara |
Mrityu Loka, Nabha, Aru Patara ||

Gain Patala Prabhavati Nama |
Mandakini Gai Gagana Lalama ||

Mrityu Loka Jahnavi Suhavani |
Kalimala Harani Agama Jaga Pavani ||

Dhani Maiya Taba Mahima Bhari |
Dharman Dhuri Kali Kalusha Kuthari ||

Matu Prabhavati Dhani Mandakini |
Dhani Sura Sarita Sakala Bhayanasini ||

Pana Karata Nirmala Ganga Jala |
Pavata Mana Ichchhita Ananta Phala ||

Purava Janma Punya Jaba Jagata |
Tabahin Dhyana Ganga Maham Lagata ||

Jai Pagu Surasari Hetu Uthavahi |
Tai Jagi Ashvamegha Phala Pavahi ||

Maha Patita Jina Kahu Na Tare |
Tina Tare Ika Nama Tihare ||

Shata Yojana Hun Se Jo Dhyavahin |
Nishachai Vishnu Loka Pada Pavahin ||

Nama Bhajata Aganita Agha Nashai |
Vimala Gyan Bala Buddhi Prakashe ||

Jimi Dhana Mula Dharmam Aru Dana |
Dharman Mula Gangajala Pana ||

Taba Guna Gunana Karata Dukha Bhajata |
Griha Griha Sampati Sumati Virajata ||

Gangahi Nema Sahita Nita Dhyavata |
Durjanahun Sajjana Pada Pavata ||

Uddihina Vidya Bala Pavai |
Rogi Roga Mukta Have Javai ||

Ganga Ganga Jo Nara Kahahin |
Bhukha Nanga Kabhuhuha Na Rahahi ||

Nikasata Hi Mukha Ganga Mayi |
Shravana Dabi Yama Chalahin Parayi ||

Mahan Aghina Adhamana Kahan Tare |
Bhae Naraka Ke Banda Kivaren ||

Jo Nara Japi Ganga Shata Nama |
Sakala Siddhi Purana Hvai Kama ||

Saba Sukha Bhoga Parama Pada Pavahin |
Avagamana Rahita Hvai Javahin ||

Dhani Maiya Surasari Sukha Daini |
Dhani Dhani Tiratha Raja Triveni ||

Kakara Grama Rishi Durvasa |
Sundaradasa Ganga Kara Dasa ||

Jo Yah Padhe Ganga Chalisa |
Mili Bhakti Avirala Vagisa ||

|| Doha ||

Nita Naye Sukha Sampati Lahain,
Dharen Ganga Ka Dhyana |
Anta Samai Sura Pura Basal,
Sadara Baithi Vimana ||

Sanvata Bhuta Nabhdishi,
Rama Janma Dina Chaitra |
Purana Chalisa Kiya,
Hari Bhaktana Hita Netra ||

श्री यमुना माता चालीसा

यमुना चालीसा एक भक्ति गीत है जो यमुना माता पर आधारित है।

ॐ

॥ दोहा ॥

प्रियसंग क्रीड़ा करत नित,
सुखनिधि वेद को सार ।
दरस परस ते पाप मिटे,
श्रीकृष्ण प्राण आधार ॥

यमुना पावन विमल सुजस,
भक्तिसकल रस खानि ।
शेष महेश वंदन करत,
महिमा न जाय बखानि ॥

पूजित सुरासुर मुकुन्द प्रिया,
सेवहि सकल नर-नार ।
प्रकटी मुक्ति हेतु जग,
सेवहि उतरहि पार ॥

बंदि चरण कर जोरी कहों,
सुनियों मातु पुकार ।
भक्ति चरण चित्त देई के,
कीजै भव ते पार ॥

॥ चौपाई ॥

जै जै जै यमुना महारानी ।
जय कालिन्दि कृष्ण पटरानी ॥

रूप अनूप शोभा छवि न्यारी ।
माधव-प्रिया ब्रज शोभा भारी ॥

भुवन बसी घोर तप कीन्हा ।
पूर्ण मनोरथ मुरारी कीन्हा ॥

निज अर्धांगी तुम्ही अपनायों ।
सावँरो श्याम पति प्रिय पायो ॥

रूप अलौकिक अद्भूत ज्योति ।
नीर रेणू दमकत ज्यूँ मोती ॥

सूर्यसुता श्यामल सब अंगा ।
कोटिचन्द्र द्युति कान्ति अभंगा ॥

आश्रय ब्रजाधीश्वर लीन्हा ।
गोकुल बसी शुचि भक्तन कीन्हा ॥

कृष्ण नन्द घर गोकुल आयों ।
चरण वन्दि करि दर्शन पायों ॥

सोलह श्रृंगार भुज कंकण सोहे ।
कोटि काम लाजहि मन मोहें ॥

कृष्णवेश नथ मोती राजत ।
नुपूर घुंघरू चरण में बाजत ॥

मणि माणक मुक्ता छवि नीकी ।
मोहनी रूप सब उपमा किंकी ॥

मन्द चलहि प्रिय-प्रीतम प्यारी ।
रीझहि श्याम प्रिय प्रिया निहारी ॥

मोहन बस करि हृदय विराजत ।
बिनु प्रीतम क्षण चैन न पावत ॥

मुरलीधर जब मुरली बजावैं ।
संग केलि कर आनन्द पावैं ॥

मोर हंस कोकिल नित खेलत ।
जलखग कूजत मृदुबानी बोलत ॥

जा पर कृपा दृष्टि बरसावें ।
प्रेम को भेद सोई जन पावें ॥

नाम यमुना जब मुख पे आवें ।
सबहि अमगंल देखि टरि जावें ॥

भजे नाम यमुना अमृत रस ।
रहे साँवरो सदा ताहि बस ॥

करुणामयी सकल रसखानि ।
सुर नर मुनि बंदहि सब ज्ञानी ॥

भूतल प्रकटी अवतार जब लीन्हो ।
उद्धार सभी भक्तन को कीन्हो ॥

शेष गिरा श्रुति पार न पावत ।
योगी जति मुनि ध्यान लगावत ॥

दंड प्रणाम जे आचमन करहि ।
नासहि अघ भवसिंधु तरहि ॥

भाव भक्ति से नीर न्हावें ।
देव सकल तेहि भाग्य सरावें ॥

करि ब्रज वास निरंतर ध्यावहि ।
परमानंद परम पद पावहि ॥

संत मुनिजन मज्जन करहि ।
नव भक्तिरस निज उर भरहि ॥

पूजा नेम चरण अनुरागी ।
होई अनुग्रह दरश बड़भागी ॥

दीपदान करि आरती करहि ।
अन्तर सुख मन निर्मल रहहि ॥

कीरति विशद विनय करी गावत ।
सिद्धि अलौकिक भक्ति पावत ॥

बड़े प्रेम श्रीयमुना पद गावें ।
मोहन सन्मुख सुनन को आवें ॥

आतुर होय शरणागत आवें ।
कृपाकरी ताहि बेगि अपनावें ॥

ममतामयी सब जानहि मन की ।
भव पीड़ा हरहि निज जन की ॥

शरण प्रतिपाल प्रिय कुंजेश्वरी ।
ब्रज उपमा प्रीतम प्राणेश्वरी ॥

श्रीजी यमुना कृपा जब होई ।
ब्रह्म सम्बन्ध जीव को होई ॥

पुष्टिमार्गी नित महिमा गावैं ।
कृष्ण चरण नित भक्ति दृढ़ावैं ॥

नमो नमो श्री यमुने महारानी ।
नमो नमो श्रीपति पटरानी ॥

नमो नमो यमुने सुख करनी ।
नमो नमो यमुने दुःख हरनी ॥

नमो कृष्णायैं सकल गुणखानी ।
श्रीहरिप्रिया निकुंज निवासिनी ॥

करुणामयी अब कृपा कीजैं ।
फदंकाटी मोहि शरण मे लीजैं ॥

जो यमुना चालिसा नित गावैं ।
कृपा प्रसाद ते सब सुख पावैं ॥

ज्ञान भक्ति धन कीर्ति पावहि ।
अंत समय श्रीधाम ते जावहि ॥

॥ दोहा ॥

भज चरन चित सुख करन,
हरन त्रिविध भव त्रास ।
भक्ति पाई आनंद रमन,
कृपा दृष्टि ब्रज वास ॥

यमुना चालिसा नित नेम ते,
पाठ करे मन लाय ।
कृष्ण चरण रति भक्ति दृढ,
भव बाधा मिट जाय ॥

Shri Yamuna Mata Chalisa

Yamuna Chalisa is a devotional song based on Yamuna Mata. Yamuna Chalisa is a popular prayer composed of 40 verses.

|| Doha ||

Priyasanga Krida Karata Nita,
Sukhanidhi Veda Ko Sara |
Darasa Parasa Te Papa Mite,
Shrikrishna Prana Adhara ||

Yamuna Pavana Vimala Sujasa,
Bhakti Sakala Rasa Khani |
Shesha Mahesha Vandana Karata,
Mahima Na Jaya Bakhana ||

Pujita Surasura Mukunda Priya,
Sevahi Sakala Nara-Nara |
Prakati Mukti Hetu Jaga,
Sevahi Utarhi Para ||

Bandi Charana Kara Jori Kahon,
Suniyo Matu Pukara |
Bhakti Charana Chitta Deyi Ke,
Kijiye Bhava Te Para ||

|| Chaupai ||

Jai Jai Jai Yamuna Maharani |
Jai Kalindi Krishna Patrani ||

Rupa Anupa Shobha Chhavi Nyari |
Madhava-Priya Braja Shobha Bhari ||

Bhuvana Basi Ghora Tapa Kinha |
Purna Manoratha Murari Kinha ||

Nija Ardhangi Tumhi Apnayo |
Savro Shyama Pati Priya Payo ||

Rupa Alokika Adbhuta Jyoti |
Nira Renu Damakata Jyun Moti ||

Suryasuta Shyamala Sab Anga |
Kotichandra Dyuti Kanti Abhanga ||

Ashraya Brajadhishwara Linha |
Gokula Basi Shuchi Bhakton Kinha ||

Krishna Nand Ghara Gokula Ayo |
Charana Vandi Kari Darshana Payo ||

Solaha Shringara Bhuja Kankana Sohe |
Koti Kama Lajahi Mana Mohe ||

Krishnavesha Natha Moti Rajata |
Nupura Ghunghroo Charana Mein Bajata ||

Mani Manaka Mukta Chhavi Niki |
Mohani Rupa Saba Upma Phiki ||

Manda Chalahi Priy-Pritama Pyari |
Rijhi Shyama Priy Priya Nihari ||

Mohana Basa Kari Hridaya Virajata |
Binu Premama Kshana Chaina Na Pavata ||

Muralidhara Jaba Murli Bajave |
Sanga Keli Kara Ananda Pave ||

Mora Hansa Kokila Nita Khelata |
Jalakhaga Kujata Mridubani Bolata ||

Ja Para Kripa Drishti Barsave |
Prema Ko Bheda Soi Jana Pave ||

Nama Yamuna Jaba Mukha Pe Ave |
Sabahi Amangala Dekhi Tari Jave ||

Bhaje Nama Yamuna Amrita Rasa |
Rahe Sanvaro Sada Tahi Basa ||

Karunamayi Sakala Rasakhani |
Sura Nara Muni Bandahi Saba Gyani ||

Bhutala Prakati Avatara Jaba Linho |
Uddhara Sabhi Bhakton Ko Kinho ||

Shesha Gira Shruti Para Na Pavata |
Yogi Jati Muni Dhyana Lagavata ||

Danda Pranama Je Achamana Karahi |
Nasahi Agha Bhavasindha Tarahi ||

Bhava Bhakti Se Nira Nahave |
Deva Sakala Tehi Bhagya Sarave ||

Kari Braja Vasa Nirantara Dhyavahi |
Paramananda Parama Pada Pavahi ||

Santa Munijana Majjana Karahi |
Nava Bhaktirasa Nija Ura Bharahi ||

Puja Nema Charana Anuragi |
Hoi Anugraha Darsha Bada Bhagi ||

Dipadana Kari Arti Karahi |
Antara Sukha Mana Nirmala Rahahi ||

Kirati Vishada Vinaya Kari Gavata |
Siddhi Alokika Bhakti Pavata ||

Bade Prema Shri Yamuna Pada Gavein |
Mohana Sanmukha Sunana Ko Avein ||

Atura Hoye Sharanagata Avein |
Kripakari Tahi Begi Apnavein ||

Mamatamayi Saba Janahi Mana Ki |
Bhava Pida Harahi Nija Jana Ki ||

Sharana Pratipala Priya Kunjeshwari |
Braja Upma Pritama Praneshwari ||

Shriji Yamuna Kripa Jaba Hoyi |
Brahma Sambandha Jiva Ko Hoyi ||

Pushtimargi Nita Mahima Gavain |
Krishna Charana Nita Bhakti Dridhavain ||

Namo Namo Shri Yamune Maharani |
Namo Namo Shripati Patrani ||

Namo Namo Yamune Sukha Karni |
Namo Namo Yamune Dukha Harni ||

Namo Krishnayain Sakala Guna Khani |
Shri Haripriya Nikunja Nivasini ||

Karunamayi Ab Kripa Kijain |
Fandkati Mohi Sharana Mein Lijain ||

Jo Yamuna Chalisa Nita Gavain |
Kripa Prasada Te Saba Sukha Pavain ||

Gyana Bhakti Dhana Kirti Pavahin |
Anta Samaya Shri Dhama Te Javahin ||

|| Doha ||

Bhaja Charana Chita Sukha Karana,
Harana Trividha Bhava Trasa |
Bhakti Payi Ananda Ramana,
Kripa Drishti Braja Vasa ||

Yamuna Chalisa Nita Nema Te,
Patha Kare Mana Laya |
Krishna Charana Rati Bhakti Dridha,
Bhava Badha Mita Jaya ||

श्री नर्मदा माता चालीसा

नर्मदा चालीसा एक भक्ति गीत है जो नर्मदा माता पर आधारित है।

॥ दोहा ॥

देवि पूजिता नर्मदा,
महिमा बड़ी अपार ।
चालीसा वर्णन करत,
कवि अरु भक्त उदार ॥

इनकी सेवा से सदा,
मिटते पाप महान ।
तट पर कर जप दान नर,
पाते हैं नित ज्ञान ॥

॥ चौपाई ॥

जय-जय-जय नर्मदा भवानी ।
तुम्हरी महिमा सब जग जानी ॥

अमरकण्ठ से निकलीं माता ।
सर्व सिद्धि नव निधि की दाता ॥

कन्या रूप सकल गुण खानी ।
जब प्रकटीं नर्मदा भवानी ॥

सप्तमी सूर्य मकर रविवारा ।
अश्वनि माघ मास अवतारा ॥

वाहन मकर आपको साजैं ।
कमल पुष्प पर आप विराजैं ॥

ब्रह्मा हरि हर तुमको ध्यावैं ।
तब ही मनवांछित फल पावैं ॥

दर्शन करत पाप कटि जाते ।
कोटि भक्त गण नित्य नहाते ॥

जो नर तुमको नित ही ध्यावैं ।
वह नर रुद्र लोक को जावैं ॥

मगरमच्छ तुम में सुख पावैं ।
अन्तिम समय परमपद पावैं ॥

मस्तक मुकुट सदा ही साजैं ।
पांव पैंजनी नित ही राजैं ॥

कल-कल ध्वनि करती हो माता ।
पाप ताप हरती हो माता ॥

पूरब से पश्चिम की ओरा ।
बहतीं माता नाचत मोरा ॥

शौनक ऋषि तुम्हरौ गुण गावैं ।
सूत आदि तुम्हरौ यश गावैं ॥

शिव गणेश भी तेरे गुण गावैं ।
सकल देव गण तुमको ध्यावैं ॥

कोटि तीर्थ नर्मदा किनारे ।
ये सब कहलाते दुःख हारे ॥

मनोकामना पूरण करती ।
सर्व दुःख माँ नित ही हरतीं ॥

कनखल में गंगा की महिमा ।
कुरुक्षेत्र में सरस्वती महिमा ॥

पर नर्मदा ग्राम जंगल में ।
नित रहती माता मंगल में ॥

एक बार करके असनाना ।
तरत पीढ़ी है नर नारा ॥

मेकल कन्या तुम ही रेवा।
तुम्हरी भजन करें नित देवा ॥

जटा शंकरी नाम तुम्हारा।
तुमने कोटि जनों को तारा ॥

समोद्भवा नर्मदा तुम हो।
पाप मोचनी रेवा तुम हो ॥

तुम महिमा कहि नहिं जाई।
करत न बनती मातु बड़ाई ॥

जल प्रताप तुममें अति माता।
जो रमणीय तथा सुख दाता ॥

चाल सर्पिणी सम है तुम्हारी।
महिमा अति अपार है तुम्हारी ॥

तुम में पड़ी अस्थि भी भारी।
छुवत पाषाण होत वर वारी ॥

यमुना में जो मनुज नहाता।
सात दिनों में वह फल पाता ॥

सरसुति तीन दिनों में देतीं ।
गंगा तुरत बाद ही देतीं ॥

पर रेवा का दर्शन करके ।
मानव फल पाता मन भर के ॥

तुम्हरी महिमा है अति भारी ।
जिसको गाते हैं नर-नारी ॥

जो नर तुम में नित्य नहाता ।
रुद्र लोक मे पूजा जाता ॥

जड़ी बूटियां तट पर राजें ।
मोहक दृश्य सदा ही साजें ॥

वायु सुगन्धित चलती तीरा ।
जो हरती नर तन की पीरा ॥

घाट-घाट की महिमा भारी ।
कवि भी गा नहिं सकते सारी ॥

नहिं जानूँ मैं तुम्हरी पूजा ।
और सहारा नहीं मम दूजा ॥

हो प्रसन्न ऊपर मम माता ।
तुम ही मातु मोक्ष की दाता ॥

जो मानव यह नित है पढ़ता ।
उसका मान सदा ही बढ़ता ॥

जो शत बार इसे है गाता ।
वह विद्या धन दौलत पाता ॥

अगणित बार पढ़ै जो कोई ।
पूरण मनोकामना होई ॥

सबके उर में बसत नर्मदा ।
यहां वहां सर्वत्र नर्मदा ॥

॥ दोहा ॥

भक्ति भाव उर आनि के,
जो करता है जाप ।
माता जी की कृपा से,
दूर होत सन्ताप ॥

Shri Narmada Mata Chalisa

Narmada Chalisa is a devotional song based on Narmada Mata.

|| Doha ||

Devi Pujita Narmada,
Mahima Badi Apara |
Chalisa Varnana Karata,
Kavi Aru Bhakta Udara ||

Inaki Seva Se Sada,
Mitate Papa Mahana |
Tata Para Kara Japa Dana Nara,
Pate Hain Nita Gyana ||

|| Chaupai ||

Jai Jai Jai Narmada Bhavani |
Tumhari Mahima Saba Jaga Jani ||

Amarakantha Se Nikalin Mata |
Sarva Siddhi Nava Nidhi Ki Data ||

Kanya Rupa Sakala Guna Khani |
Jaba Prakatin Narmada Bhavani ||

Saptami Surya Makara Ravivara |
Ashwani Magha Masa Avatara ||

Vahana Makara Apako Sajain |
Kamala Pushpa Para Apa Virajain ||

Brahma Hari Hara Tumako Dhyavain |
Taba Hi Manavanchhita Phala Pavain ||

Darshana Karata Papa Kati Jate |
Koti Bhakta Gana Nitya Nahate ||

Jo Nara Tumako Nita Hi Dhyavain |
Vah Nara Rudra Loka Ko Javain ||

Magaramachchha Tuma Mein Sukha Pavain |
Antima Samaya Paramapada Pavain ||

Mastaka Mukuta Sada Hi Sajain |
Panva Painjani Nita Hi Rajain ||

Kala-Kala Dhvani Karati Ho Mata |
Papa Tapa Harati Ho Mata ||

Puraba Se Pashchima Ki Ora |
Bahatin Mata Nachata Mora ||

Shaunaka Rishi Tumhrau Guna Gavain |
Suta Adi Tumharau Yash Gavain ||

Shiva Ganesha Bhi Tere Guna Gavain |
Sakala Deva Gana Tumako Dhyavain ||

Koti Tirtha Narmada Kinare |
Ye Saba Kahalate Dukha Hare ||

Manokamana Purana Karati |
Sarva Dukha Ma Nita Hi Haratin ||

Kanakhala Mein Ganga Ki Mahima |
Kurukshetra Mein Saraswati Mahima ||

Para Narmada Grama Jangala Mein |
Nita Rahati Mata Mangala Mein ||

Eka Bara Karake Asanana |
Tarata Pidhi Hai Nara Nara ||

Mekala Kanya Tuma Hi Reva |
Tumhari Bhajana Karein Nita Deva ||

Jata Shankari Nama Tumhara |
Tumane Koti Janon Ko Tara ||

Samodbhava Narmada Tuma Ho |
Papa Mochani Reva Tuma Ho ||

Tuma Mahima Kahi Nahin Jayi |
Karata Na Banati Matu Badayi ||

Jala Pratapa Tumamen Ati Mata |
Jo Ramaniya Tatha Sukha Data ||

Chala Sarpini Sama Hai Tumhari |
Mahima Ati Apara Hai Tumhari ||

Tuma Mein Padi Asthi Bhi Bhari |
Chuvata Pashana Hota Vara Vari ||

Yamuna Me Jo Manuja Nahata |
Sata Dinon Mein Vah Phala Pata ||

Saraswati Tina Dinon Mein Deti |
Ganga Turata Bada Hi Deti ||

Para Reva Ka Darshana Karake |
Manava Phala Pata Mana Bhara Ke ||

Tumhari Mahima Hai Ati Bhari |
Jisko Gate Hain Nara Nari ||

Jo Nara Tuma Mein Nitya Nahata |
Rudra Loka Me Puja Jata ||

Jadi Butiyan Tata Para Rajein |
Mohaka Drishya Sada Hi Sajein ||

Vayu Sugandhita Chalati Tira |
Jo Harati Nara Tana Ki Pira ||

Ghata-Ghata Ki Mahima Bhari |
Kavi Bhi Ga Nahin Sakate Sari ||

Nahin Janun Main Tumhari Puja |
Aura Sahara Nahin Mama Duja ||

Ho Prasanna Upara Mama Mata |
Tuma Hi Matu Moksha Ki Data ||

Jo Manava Yah Nita Hai Padhta |
Uska Mana Sada Hi Badhata ||

Jo Shata Bara Ise Hai Gata |
Vah Vidya Dhana Daulata Pata ||

Aganita Bara Padhai Jo Koi |
Purana Manokamana Hoi ||

Sabake Ura Mein Basata Narmada |
Yaham Vaham Sarvatra Narmada ||

|| Doha ||

Bhakti Bhava Ura Ani Ke, Jo Karata Hai Japa |
Mata Ji Ki Kripa Se, Dura Hota Santapa ||

संत चालीसा

श्री साईं बाबा चालीसा

साईं चालीसा एक भक्ति गीत है जो साईं बाबा पर आधारित है। साईं चालीसा एक लोकप्रिय प्रार्थना है जो 102 छन्दों से बनी है। साईं बाबा के करीब आने और अपनी मनोकामनाओं की पूर्ति के लिए साईं भक्तों द्वारा इस चालीसा का पाठ किया जाता है।

॥ श्री साई बाबा चालीसा ॥

पहले साई के चरणों में,
अपना शीश नमाऊं मैं ।
कैसे शिरडी साई आए,
सारा हाल सुनाऊं मैं ॥

कौन है माता, पिता कौन है,
ये न किसी ने भी जाना ।
कहां जन्म साई ने धारा,
प्रश्न पहेली रहा बना ॥

कोई कहे अयोध्या के,
ये रामचन्द्र भगवान हैं ।
कोई कहता साई बाबा,
पवन पुत्र हनुमान हैं ॥

कोई कहता मंगल मूर्ति,
श्री गजानंद हैं साई ।
कोई कहता गोकुल मोहन,
देवकी नन्दन हैं साई ॥

शंकर समझे भक्त कई तो,
बाबा को भजते रहते ।
कोई कह अवतार दत्त का,
पूजा साई की करते ॥

कुछ भी मानो उनको तुम,
पर साई हैं सच्चे भगवान ।
बड़े दयालु दीनबन्धु,
कितनों को दिया जीवन दान ॥

कई वर्ष पहले की घटना,
तुम्हें सुनाऊंगा मैं बात ।
किसी भाग्यशाली की,
शिरडी में आई थी बारात ॥

आया साथ उसी के था,
बालक एक बहुत सुन्दर ।
आया, आकर वहीं बस गया,
पावन शिरडी किया नगर ॥

कई दिनों तक भटकता,
भिक्षा माँग उसने दर-दर ।
और दिखाई ऐसी लीला,
जग में जो हो गई अमर ॥

जैसे-जैसे अमर उमर बढ़ी,
बढ़ती ही वैसे गई शान ।
घर-घर होने लगा नगर में,
साई बाबा का गुणगान ॥

दिग-दिगन्त में लगा गूंजने,
फिर तो साईजी का नाम ।
दीन-दुखी की रक्षा करना,
यही रहा बाबा का काम ॥

बाबा के चरणों में जाकर,
जो कहता मैं हूं निर्धन ।
दया उसी पर होती उनकी,
खुल जाते दुःख के बंधन ॥

कभी किसी ने मांगी भिक्षा,
दो बाबा मुझको संतान ।
एवं अस्तु तब कहकर साई,
देते थे उसको वरदान ॥

स्वयं दुःखी बाबा हो जाते,
दीन–दुःखी जन का लख हाल ।
अन्तःकरण श्री साई का,
सागर जैसा रहा विशाल ॥

भक्त एक मद्रासी आया,
घर का बहुत बड़ा धनवान ।
माल खजाना बेहद उसका,
केवल नहीं रही संतान ॥

लगा मनाने साईनाथ को,
बाबा मुझ पर दया करो ।
झंझा से झंकृत नैया को,
तुम्हीं मेरी पार करो ॥

कुलदीपक के बिना अंधेरा,
छाया हुआ घर में मेरे ।
इसलिए आया हूँ बाबा,
होकर शरणागत तेरे ॥

कुलदीपक के अभाव में,
व्यर्थ है दौलत की माया ।
आज भिखारी बनकर बाबा,
शरण तुम्हारी मैं आया ॥

दे दो मुझको पुत्र-दान,
मैं ऋणी रहूंगा जीवन भर ।
और किसी की आशा न मुझको,
सिर्फ भरोसा है तुम पर ॥

अनुनय-विनय बहुत की उसने,
चरणों में धर के शीश ।
तब प्रसन्न होकर बाबा ने,
दिया भक्त को यह आशीश ॥

'अल्ला भला करेगा तेरा',
पुत्र जन्म हो तेरे घर ।
कृपा रहेगी तुझ पर उसकी,
और तेरे उस बालक पर ॥

अब तक नहीं किसी ने पाया,
साई की कृपा का पार ।
पुत्र रत्न दे मद्रासी को,
धन्य किया उसका संसार ॥

तन-मन से जो भजे उसी का,
जग में होता है उद्धार ।
सांच को आंच नहीं हैं कोई,
सदा झूठ की होती हार ॥

मैं हूं सदा सहारे उसके,
सदा रहूँगा उसका दास ।
साई जैसा प्रभु मिला है,
इतनी ही कम है क्या आस ॥

मेरा भी दिन था एक ऐसा,
मिलती नहीं मुझे रोटी ।
तन पर कपड़ा दूर रहा था,
शेष रही नन्हीं सी लंगोटी ॥

सरिता सन्मुख होने पर भी,
मैं प्यासा का प्यासा था ।
दुर्दिन मेरा मेरे ऊपर,
दावाग्नी बरसाता था ॥

धरती के अतिरिक्त जगत में,
मेरा कुछ अवलम्ब न था ।
बना भिखारी मैं दुनिया में,
दर-दर ठोकर खाता था ॥

ऐसे में एक मित्र मिला जो,
परम भक्त साई का था।
जंजालों से मुक्त मगर,
जगती में वह भी मुझसा था॥

बाबा के दर्शन की खातिर,
मिल दोनों ने किया विचार।
साई जैसे दया मूर्ति के,
दर्शन को हो गए तैयार॥

पावन शिरडी नगर में जाकर,
देख मतवाली मूरति।
धन्य जन्म हो गया कि हमने,
जब देखी साई की सूरति॥

जब से किए हैं दर्शन हमने,
दुःख सारा काफूर हो गया।
संकट सारे मिटै और,
विपदाओं का अन्त हो गया॥

मान और सम्मान मिला,
भिक्षा में हमको बाबा से ।
प्रतिबिम्बित हो उठे जगत में,
हम साई की आभा से ॥

बाबा ने सन्मान दिया है,
मान दिया इस जीवन में ।
इसका ही संबल ले मैं,
हंसता जाऊंगा जीवन में ॥

साई की लीला का मेरे,
मन पर ऐसा असर हुआ ।
लगता जगती के कण-कण में,
जैसे हो वह भरा हुआ ॥

'काशीराम' बाबा का भक्त,
शिरडी में रहता था ।
मैं साई का साई मेरा,
वह दुनिया से कहता था ॥

सीकर स्वयं वस्त्र बेचता,
ग्राम–नगर बाजारों में ।
झंकृत उसकी हृदय तंत्री थी,
साई की झंकारों में ॥

स्तब्ध निशा थी, थे सोए,
रजनी आंचल में चाँद सितारे ।
नहीं सूझता रहा हाथ को,
हाथ तिमिर के मारे ॥

वस्त्र बेचकर लौट रहा था,
हाय! हाट से काशी ।
विचित्र बड़ा संयोग कि उस दिन,
आता था एकाकी ॥

घेर राह में खड़े हो गए,
उसे कुटिल अन्यायी ।
मारो काटो लूटो इसकी ही,
ध्वनि पड़ी सुनाई ॥

लूट पीटकर उसे वहाँ से,
कुटिल गए चम्पत हो ।
आघातों में मर्माहत हो,
उसने दी संज्ञा खो ॥

बहुत देर तक पड़ा रह वह,
वहीं उसी हालत में ।
जाने कब कुछ होश हो उठा,
वहीं उसकी पलक में ॥

अनजाने ही उसके मुंह से,
निकल पड़ा था साई ।
जिसकी प्रतिध्वनि शिरडी में,
बाबा को पड़ी सुनाई ॥

क्षुब्ध हो उठा मानस उनका,
बाबा गए विकल हो ।
लगता जैसे घटना सारी,
घटी उन्हीं के सन्मुख हो ॥

उन्मादी से इधर-उधर तब,
बाबा लगे भटकने ।
सन्मुख चीजें जो भी आई,
उनको लगे पटकने ॥

और धधकते अंगारों में,
बाबा ने अपना कर डाला ।
हुए सशंकित सभी वहाँ,
लख ताण्डवनृत्य निराला ॥

समझ गए सब लोग,
कि कोई भक्त पड़ा संकट में ।
क्षुभित खड़े थे सभी वहाँ,
पर पड़े हुए विस्मय में ॥

उसे बचाने की ही खातिर,
बाबा आज विकल है ।
उसकी ही पीड़ा से पीड़ित,
उनकी अन्तःस्थल है ॥

इतने में ही विविध ने अपनी,
विचित्रता दिखलाई ।
लख कर जिसको जनता की,
श्रद्धा सरिता लहराई ॥

लेकर संज्ञाहीन भक्त को,
गाड़ी एक वहाँ आई ।
सन्मुख अपने देख भक्त को,
साई की आंखें भर आई ॥

शांत, धीर, गंभीर, सिन्धु सा,
बाबा का अन्तःस्थल ।
आज न जाने क्यों रह-रहकर,
हो जाता था चंचल ॥

आज दया की मूर्ति स्वयं था,
बना हुआ उपचारी ।
और भक्त के लिए आज था,
देव बना प्रतिहारी ॥

आज भक्ति की विषम परीक्षा में,
सफल हुआ था काशी।
उसके ही दर्शन की खातिर थे,
उमड़े नगर-निवासी ॥

जब भी और जहां भी कोई,
भक्त पड़े संकट में।
उसकी रक्षा करने बाबा,
आते हैं पलभर में ॥

युग-युग का है सत्य यह,
नहीं कोई नई कहानी।
आपतग्रस्त भक्त जब होता,
जाते खुद अन्तर्यामी ॥

भेद-भाव से परे पुजारी,
मानवता के थे साई।
जितने प्यारे हिन्दु-मुस्लिम,
उतने ही थे सिक्ख ईसाई ॥

भेद-भाव मन्दिर-मस्जिद का,
तोड़-फोड़ बाबा ने डाला ।
राम रहीम सभी उनके थे,
कृष्ण करीम अल्लाताला ॥

घण्टे की प्रतिध्वनि से गूंजा,
मस्जिद का कोना-कोना ।
मिले परस्पर हिन्दु-मुस्लिम,
प्यार बढ़ा दिन-दिन दूना ॥

चमत्कार था कितना सुन्दर,
परिचय इस काया ने दी ।
और नीम कडुवाहट में भी,
मिठास बाबा ने भर दी ॥

सब को स्नेह दिया साई ने,
सबको संतुल प्यार किया ।
जो कुछ जिसने भी चाहा,
बाबा ने उसको वही दिया ॥

ऐसे स्नेहशील भाजन का,
नाम सदा जो जपा करे ।
पर्वत जैसा दुःख न क्यों हो,
पलभर में वह दूर टरे ॥

साई जैसा दाता हमने,
अरे नहीं देखा कोई ।
जिसके केवल दर्शन से ही,
सारी विपदा दूर गई ॥

तन में साई, मन में साई,
साई-साई भजा करो ।
अपने तन की सुधि-बुधि खोकर,
सुधि उसकी तुम किया करो ॥

जब तू अपनी सुधि तज,
बाबा की सुधि किया करेगा ।
और रात-दिन बाबा-बाबा,
ही तू रटा करेगा ॥

तो बाबा को अरे! विवश हो,
सुधि तेरी लेनी ही होगी ।
तेरी हर इच्छा बाबा को,
पूरी ही करनी होगी ॥

जंगल, जगंल भटक न पागल,
और ढूंढ़ने बाबा को ।
एक जगह केवल शिरडी में,
तू पाएगा बाबा को ॥

धन्य जगत में प्राणी है वह,
जिसने बाबा को पाया ।
दुःख में, सुख में प्रहर आठ हो,
साई का ही गुण गाया ॥

गिरे संकटों के पर्वत,
चाहे बिजली ही टूट पड़े ।
साई का ले नाम सदा तुम,
सन्मुख सब के रहो अड़े ॥

इस बूढ़े की सुन करामत,
तुम हो जाओगे हैरान ।
दंग रह गए सुनकर जिसको,
जाने कितने चतुर सुजान ॥

एक बार शिरडी में साधु,
ढोंगी था कोई आया ।
भोली-भाली नगर-निवासी,
जनता को था भरमाया ॥

जड़ी-बूटियां उन्हें दिखाकर,
करने लगा वह भाषण ।
कहने लगा सुनो श्रोतागण,
घर मेरा है वृन्दावन ॥

औषधि मेरे पास एक है,
और अजब इसमें शक्ति ।
इसके सेवन करने से ही,
हो जाती दुःख से मुक्ति ॥

अगर मुक्त होना चाहो,
तुम संकट से बीमारी से ।
तो है मेरा नम्र निवेदन,
हर नर से, हर नारी से ॥

लो खरीद तुम इसको,
इसकी सेवन विधियां हैं न्यारी ।
यद्यपि तुच्छ वस्तु है यह,
गुण उसके हैं अति भारी ॥

जो है संतति हीन यहां यदि,
मेरी औषधि को खाए ।
पुत्र-रत्न हो प्राप्त,
अरे वह मुंह मांगा फल पाए ॥

औषधि मेरी जो न खरीदे,
जीवन भर पछताएगा ।
मुझ जैसा प्राणी शायद ही,
अरे यहां आ पाएगा ॥

दुनिया दो दिनों का मेला है,
मौज शौक तुम भी कर लो ।
अगर इससे मिलता है सब कुछ,
तुम भी इसको ले लो ॥

हैरानी बढ़ती जनता की,
लख इसकी कारस्तानी ।
प्रमुदित वह भी मन-ही-मन था,
लख लोगों की नादानी ॥

खबर सुनाने बाबा को यह,
गया दौड़कर सेवक एक ।
सुनकर भृकुटी तनी और,
विस्मरण हो गया सभी विवेक ॥

हुक्म दिया सेवक को,
सत्वर पकड़ दुष्ट को लाओ ।
या शिरडी की सीमा से,
कपटी को दूर भगाओ ॥

मेरे रहते भोली-भाली,
शिरडी की जनता को ।
कौन नीच ऐसा जो,
साहस करता है छलने को ॥

पलभर में ऐसे ढोंगी,
कपटी नीच लुटेरे को ।
महानाश के महागर्त में पहुँचा,
दूँ जीवन भर को ॥

तनिक मिला आभास मदारी,
क्रूर, कुटिल अन्यायी को ।
काल नाचता है अब सिर पर,
गुस्सा आया साई को ॥

पलभर में सब खेल बंद कर,
भागा सिर पर रखकर पैर ।
सोच रहा था मन ही मन,
भगवान नहीं है अब खैर ॥

सच है साई जैसा दानी,
मिल न सकेगा जग में।
अंश ईश का साई बाबा,
उन्हें न कुछ भी मुश्किल जग में॥

स्नेह, शील, सौजन्य आदि का,
आभूषण धारण कर।
बढ़ता इस दुनिया में जो भी,
मानव सेवा के पथ पर॥

वही जीत लेता है जगती के,
जन जन का अन्तःस्थल।
उसकी एक उदासी ही,
जग को कर देती है विह्वल॥

जब-जब जग में भार पाप का,
बढ़-बढ़ ही जाता है।
उसे मिटाने की ही खातिर,
अवतारी ही आता है॥

पाप और अन्याय सभी कुछ,
इस जगती का हर के ।
दूर भगा देता दुनिया के,
दानव को क्षण भर के ॥

स्नेह सुधा की धार बरसने,
लगती है इस दुनिया में ।
गले परस्पर मिलने लगते,
हैं जन-जन आपस में ॥

ऐसे अवतारी साई,
मृत्युलोक में आकर ।
समता का यह पाठ पढ़ाया,
सबको अपना आप मिटाकर ॥

नाम द्वारका मस्जिद का,
रखा शिरडी में साई ने ।
दाप, ताप, संताप मिटाया,
जो कुछ आया साई ने ॥

सदा याद में मस्त राम की,
बैठे रहते थे साई ।
पहर आठ ही राम नाम को,
भजते रहते थे साई ॥

सूखी-रूखी ताजी बासी,
चाहे या होवे पकवान ।
सौदा प्यार के भूखे साई की,
खातिर थे सभी समान ॥

स्नेह और श्रद्धा से अपनी,
जन जो कुछ दे जाते थे ।
बड़े चाव से उस भोजन को,
बाबा पावन करते थे ॥

कभी-कभी मन बहलाने को,
बाबा बाग में जाते थे ।
प्रमुदित मन में निरख प्रकृति,
छटा को वे होते थे ॥

रंग-बिरंगे पुष्प बाग के,
मंद-मंद हिल-डुल करके ।
बीहड़ वीराने मन में भी,
स्नेह सलिल भर जाते थे ॥

ऐसी समुधुर बेला में भी,
दुख आपात, विपदा के मारे ।
अपने मन की व्यथा सुनाने,
जन रहते बाबा को घेरे ॥

सुनकर जिनकी करुणकथा को,
नयन कमल भर आते थे ।
दे विभूति हर व्यथा, शांति,
उनके उर में भर देते थे ॥

जाने क्या अद्‌भुत शिक्त,
उस विभूति में होती थी ।
जो धारण करते मस्तक पर,
दुःख सारा हर लेती थी ॥

धन्य मनुज वे साक्षात् दर्शन,
जो बाबा साई के पाए।
धन्य कमल कर उनके जिनसे,
चरण-कमल वे परसाए॥

काश निर्भय तुमको भी,
साक्षात् साई मिल जाता।
वर्षों से उजड़ा चमन अपना,
फिर से आज खिल जाता॥

गर पकड़ता मैं चरण श्री के,
नहीं छोड़ता उम्रभर।
मना लेता मैं जरूर उनको,
गर रूठते साई मुझ पर॥

Shri Sai Baba Chalisa

Sai Chalisa is a devotional song based on Sai Baba. Sai Chalisa is a popular prayer composed of 102 verses. This Chalisa is recited by Sai devotees in order to come closer to Sai Baba and for the fulfilment of their wishes.

|| Shri Sai Baba Chalisa ||

Pahale Sai Ke Charanom Mein,
Apana Shisha Namaun Main |
Kaise Shirdi Sai Aye,
Sara Hala Sunaun Main ||

Kauna Hai Mata, Pita Kauna Hai,
Ye Na Kisi Ne Bhi Jana |
Kahan Janma Sai Ne Dhara,
Prashna Paheli Raha Bana ||

Koi Kahe Ayodhya Ke,
Ye Ramachandra Bhagawana Hain |
Koi Kahata Sai Baba,
Pavana Putra Hanuman Hain ||

Koi Kahata Mangala Murti,
Shri Gajananda Hain Sai |
Koi Kahata Gokula Mohana,
Devaki Nandana Hain Sai ||

Shankara Samajhe Bhakta Kai To,
Baba Ko Bhajate Rahate |
Koi Kaha Avatara Datta Ka,
Puja Sai Ki Karate ||

Kuchha Bhi Mano Unako Tuma,
Para Sai Hain Sachche Bhagawana |
Bade Dayalu Dinabandhu,
Kitanom Ko Diya Jivana Dana ||

Kai Varsha Pahale Ki Ghatana,
Tumhein Sunaunga Mein Bata |
Kisi Bhagyashali Ki,
Shirdi Mein Ai Thi Barata ||

Aya Satha Usi Ke Tha,
Balaka Eka Bahuta Sundara |
Aya, Akara Vahin Basa Gaya,
Pavana Shirdi Kiya Nagara ||

Kai Dinon Taka Bhatakata,
Bhiksha Manga Usane Dara-Dara |
Aura Dikhai Aisi Lila,
Jaga Mein Jo Ho Gai Amara ||

Jaise-Jaise Amara Umara Badi,
Badhati Hi Vaise Gai Shana |
Ghara-Ghara Hone Laga Nagara Mein,
Sai Baba Ka Gunagana ||

Dig-Diganta Mein Laga Gunjane,
Phira To Saiji Ka Nama |
Dina-Dukhi Ki Raksha Karana,
Yahi Raha Baba Ka Kama ||

Baba Ke Charano Mein Jakar,
Jo Kahata Mein Hun Nirdhana |
Daya Usi Para Hoti Unaki,
Khula Jate Dukha Ke Bandhana ||

Kabhi Kisi Ne Mangi Bhiksha,
Do Baba Mujhako Santana |
Evam Astu Taba Kahakara Sai,
Dete The Usako Varadana ||

Swayam Dukhi Baba Ho Jate,
Dina-Dukhi Jana Ka Lakha Hala |
Antahkarana Shri Sai Ka,
Sagara Jaisa Raha Vishala ||

Bhakta Eka Madrasi Aya,
Ghara Ka Bahuta Bada Dhanavana |
Mala Khajana Behada Usaka,
Kevala Nahin Rahi Santana ||

Laga Manane Sainatha Ko,
Baba Mujha Para Daya Karo |
Jhanjha Se Jhankrita Naiya Ko,
Tumhin Meri Para Karo ||

Kuladipaka Ke Bina Andhera,
Chhaya Hua Ghara Mein Mere |
Isaliye Aya Hun Baba,
Hokara Sharanagata Tere ||

Kuladipaka Ke Abhava Mein,
Vyartha Hai Daulata Ki Maya |
Aja Bhikhari Banakara Baba,
Sharana Tumhari Mein Aya ||

De Do Mujhako Putra-Dana,
Mein Rini Rahunga Jivana Bhara |
Aura Kisi Ki Asa Na Mujako,
Sirpha Bharosa Hai Tuma Para ||

Anunaya-Vinaya Bahuta Ki Usane,
Charanon Mein Dhara Ke Shisha |
Taba Prasanna Hokara Baba Ne,
Diya Bhakta Ko Yah Ashisha ||

'Alla Bhala Karega Tera',
Putra Janma Ho Tere Ghara |
Kripa Rahegi Tujha Para Usaki,
Aura Tere Usa Balaka Para ||

Aba Taka Nahin Kisi Ne Paya,
Sai Ki Kripa Ka Para |
Putra Ratna De Madrasi Ko,
Dhanya Kiya Usaka Sansara ||

Tana-Mana Se Jo Bhaje Usi Ka,
Jaga Mein Hota Hai Uddhara |
Sancha Ko Ancha Nahin Hain Koi,
Sada Jutha Ki Hoti Hara ||

Main Hun Sada Sahare Usake,
Sada Rahunga Usaka Dasa ।
Sai Jaisa Prabhu Mila Hai,
Itani Hi Kama Hai Kya Asa ॥

Mera Bhi Dina Tha Eka Aisa,
Milati Nahin Mujhe Roti ।
Tana Para Kapada Dura Raha Tha,
Shesha Rahi Nanhin Si Langoti ॥

Sarita Sanmukha Hone Para Bhi,
Mein Pyasa Ka Pyasa Tha ।
Durdina Mera Mere Upara,
Davagni Barasata Tha ॥

Dharati Ke Atirikta Jagata Mein,
Mera Kuchha Avalamba Na Tha ।
Bana Bhikhari Main Duniya Mein,
Dara-Dara Thokara Khata Tha ॥

Aise Mein Eka Mitra Mila Jo,
Parama Bhakta Sai Ka Tha ।
Janjalon Se Mukta Magara,
Jagati Mein Vah Bhi Mujhasa Tha ॥

Baba Ke Darshana Ki Khatira,
Mila Donon Ne Kiya Vichara |
Sai Jaise Daya Murti Ke,
Darshana Ko Ho Gaye Taiyara ||

Pavana Shirdi Nagara Mein Jakara,
Dekha Matavali Murati |
Dhanya Janma Ho Gaya Ki Hamane,
Jaba Dekhi Sai Ki Surati ||

Jaba Se Kiye Hai Darshana Hamane,
Dukha Sara Kaphura Ho Gaya |
Sankata Sare Mitai Aura,
Vipadaon Ka Anta Ho Gaya ||

Mana Aura Sammana Mila,
Bhiksha Mein Hamako Baba Se |
Pratibimbita Ho Uthe Jagata Mein,
Hama Sai Ki Abha Se ||

Baba Ne Sammana Diya Hai,
Mana Diya Isa Jivana Mein |
Isaka Hi Sambala Le Mein,
Hansata Jaunga Jivana Mein ||

Sai Ki Lila Ka Mere,
Mana Para Aisa Asara Hua |
Lagata Jagati Ke Kana-Kana Mein,
Jaise Ho Vah Bhara Hua ||

'Kashirama' Baba Ka Bhakta,
Shirdi Mein Rahata Tha |
Main Sai Ka Sai Mera,
Vah Duniya Se Kahata Tha ||

Sikara Svayam Vastra Bechata,
Grama-Nagara Bajaro Mein |
Jhankrita Usaki Hridaya Tantri Thi,
Sai Ki Jhankaron Mein ||

Stabdha Nisha Thi, The Soye,
Rajani Anchala Men Chanda Sitare |
Nahin Sujhata Raha Hatha Ko,
Hatha Timira Ke Mare ||

Vastra Bechakara Lauta Raha Tha,
Haya! Hata Se Kashi |
Vichitra Bada Sanyoga Ki Usa Dina,
Ata Tha Ekaki ||

Ghera Raha Mein Khade Ho Gaye,
Use Kutila Anyayi |
Maro Kato Luto Isaki Hi,
Dhvani Padi Sunayi ||

Luta Pitakara Use Vahan Se,
Kutila Gaye Champata Ho |
Aghaton Me Marmahata Ho,
Usane Di Thi Sangya Kho ||

Bahuta Dera Taka Pada Raha Vah,
Vahin Usi Halata Mein |
Jane Kaba Kuchha Hosha Ho Utha,
Vahin Usaki Palaka Mein ||

Anajane Hi Usake Muha Se,
Nikala Pada Tha Sai |
Jisaki Pratidhvani Shirdi Mein,
Baba Ko Padi Sunai ||

Kshubdha Ho Utha Manasa Unaka,
Baba Gaye Vikala Ho |
Lagata Jaise Ghatana Sari,
Ghati Unhi Ke Sanmukha Ho ||

Unmadi Se Idhara-Udhara Taba,
Baba Lege Bhatakane |
Sanmukha Chijein Jo Bhi Ayi,
Unako Lage Patakane ||

Aura Dhadhakate Angaron Mein,
Baba Ne Apana Kara Dala |
Huye Sashankita Sabhi Vah,
Lakha Tandavanritya Nirala ||

Samajha Gaye Saba Loga,
Ki Koi Bhakta Pada Sankata Mein |
Kshubita Khade The Sabhi Vahan,
Para Huye Vismaya Mein ||

Use Bachane Ki Hi Khatira,
Baba Aja Vikala Hai |
Uski Hi Pida Se Pidita,
Unaka Antahasthala Hai ||

Itane Mein Hi Vividha Ne Apani,
Vichitrata Dikhalayi |
Lakha Kara Jisako Janata Ki,
Shraddha Sarita Laharai ||

Lekara Sangyahina Bhakta Ko,
Gadi Eka Vah Ayi |
Sanmukha Apane Dekha Bhakta Ko,
Sai Ki Ankhein Bhara Ayi ||

Shanta, Dhira, Gambhira, Sindhu Sa,
Baba Ka Antahsthala |
Aja Na Jane Kyon Raha-Rahakara,
Ho Jata Tha Chanchala ||

Aja Daya Ki Murti Svayam Tha,
Bana Hua Upachari |
Aura Bhakta Ke Liye Aja Tha,
Deva Bana Pratihari ||

Aja Bhakti Ki Vishama Pariksha Mein,
Saphala Hua Tha Kashi |
Usake Hi Darshana Ki Khatira The,
Umade Nagara-Nivasi ||

Jaba Bhi Aura Jahan Bhi Koi,
Bhakta Pade Sankata Mein |
Usaki Raksha Karane Baba,
Ate Hain Palabhara Mein ||

Yuga-Yuga Ka Hai Satya Yah,
Nahin Koi Nai Kahani |
Apatagrasta Bhakta Jaba Hota,
Jate Khuda Antaryami ||

Bheda-Bhava Se Pare Pujari,
Manavata Ke The Sai |
Jitane Pyare Hindu-Muslima,
Utane Hi The Sikkha Isai ||

Bheda-Bhava Mandira-Masjida Ka,
Toda-Phoda Baba Ne Dala |
Raha Rahima Sabhi Unake The,
Krishna Karima Allatala ||

Ghante Ki Pratidhvani Se Gunja,
Masjida Ka Kona-Kona |
Mile Paraspara Hindu-Muslima,
Pyara Bada Dina-Dina Duna ||

Chamatkara Tha Kitana Sundara,
Parichaya Isa Kaya Ne Di |
Aura Nima Kaduvahata Mein Bhi,
Mithasa Baba Ne Bhara Di ||

Saba Ko Sneha Diya Sai Ne,
Sabako Santula Pyara Kiya |
Jo Kuchha Jisane Bhi Chaha,
Baba Ne Usako Vahi Diya ||

Aise Snehashila Bhajana Ka,
Nama Sada Jo Japa Kare |
Parvata Jaisa Dukha Na Kyon Ho,
Palabhara Mein Vah Dura Tare ||

Sai Jaisa Data Hama,
Are Nahin Dekha Koi |
Jisake Kevala Darshana Se Hi,
Sari Vipada Dura Gai ||

Tana Mein Sai, Mana Mein Sai,
Sai Sai Bhaja Karo |
Apane Tana Ki Sudhi-Budhi Khokara,
Sudhi Usaki Tuma Kiya Karo ||

Jaba Tu Apani Sudhi Taja,
Baba Ki Sudhi Kiya Karega |
Aura Rata-Dina Baba-Baba,
Hi Tu Rata Karega ||

To Baba Ko Are! Vivasha Ho,
Sudhi Teri Leni Hi Hogi |
Teri Hara Ichchha Baba Ko,
Puri Hi Karani Hogi ||

Jangala, Jangala Bhataka Na Pagala,
Aura Dhundhane Baba Ko |
Eka Jagaha Kevala Shirdi Mein,
Tu Payega Baba Ko ||

Dhanya Jagata Mein Prani Hai Vah,
Jisane Baba Ko Paya |
Dukha Mein, Sukha Mein Prahara Atha Ho,
Sai Ka Hi Guna Gaya ||

Gire Sankaton Ke Parvata,
Chahe Bijali Hi Tuta Pade |
Sai Ka Le Nama Sada Tuma,
Sanmukha Saba Ke Raho Ade ||

Isa Budhe Ki Suna Karamata,
Tuma Ho Jaoge Hairana |
Danga Raha Gaye Sunakara Jisako,
Jane Kitane Chatura Sujana ||

Eka Bara Shirdi Mein Sadhu,
Dhongi Tha Koi Aya |
Bholi-Bhali Nagara-Nivasi,
Janata Ko Tha Bharamaya ||

Jadi, Butiyan Unhein Dhikhakara,
Karane Laga Vah Bhashana |
Kahane Laga Suno Shrotagana,
Ghara Mera Hai Vrindavana ||

Aushadhi Mere Pasa Eka Hai,
Aura Ajaba Isamein Shakti |
Isake Sevana Karane Se Hi,
Ho Jati Dukha Se Mukti ||

Agara Mukta Hona Chaho,
Tuma Sankata Se Bimari Se |
To Hai Mera Namra Nivedana,
Hara Nara Se, Hara Nari Se ||

Lo Kharida Tuma Isako,
Isaki Sevana Vidhiyan Hain Nyari |
Yadyapi Tuchchha Vastu Hai Yah,
Guna Usake Hain Ati Bhari ||

Jo Hai Santati Hina Yahan Yadi,
Meri Aushadhi Ko Khaye |
Putra-Ratna Ho Prapta,
Are Vah Munha Manga Phala Paye ||

Aushadhi Meri Jo Na Kharide,
Jivana Bhara Pachhatayega |
Mujha Jaisa Prani Shayada Hi,
Are Yahan Aa Payega ||

Duniya Do Dinon Ka Mela Hai,
Mauja Shauka Tuma Bhi Kara Lo |
Agara Isase Milata Hai, Saba Kuchha,
Tuma Bhi Isako Le Lo ||

Hairani Badhati Janata Ki,
Lakha Isaki Karastani |
Pramudita Vah Bhi Mana-Hi-Mana Tha,
Lakha Logon Ki Nadani ||

Khabara Sunane Baba Ko Yah,
Gaya Daudakara Sevaka Eka |
Sunakara Bhrikuti Tani Aura,
Vismarana Ho Gaya Sabhi Viveka ||

Hukma Diya Sevaka Ko,
Satvara Pakada Dushta Ko Lao |
Ya Shirdi Ki Sima Se,
Kapati Ko Dura Bhagao ||

Mere Rahate Bholi-Bhali,
Shirdi Ki Janata Ko |
Kauna Nicha Aisa Jo,
Sahasa Karata Hai Chhalane Ko ||

Palabhara Mein Aise Dhongi,
Kapati Nicha Lutere Ko |
Mahanasha Ke Mahagarta Mein Pahuncha,
Dun Jivana Bhara Ko ||

Tanika Mila Abhasa Madari,
Krura, Kutila Anyayi Ko |
Kala Nachata Hai Aba Sira Para,
Gussa Aya Sai Ko ||

Palabhara Mein Saba Khela Banda Kara,
Bhaga Sira Para Rakhakara Paira |
Socha Raha Tha Mana Hi Mana,
Bhagawana Nahi Hai Aba Khaira ||

Sacha Hai Sai Jaisa Dani,
Mila Na Sakega Jaga Mein |
Ansha Isha Ka Sai Baba,
Unhein Na Kuchha Bhi Mushkila Jaga Mein ||

Sneha, Shila, Saujanya Adi Ka,
Abhushana Dharana Kara |
Badhata Isa Duniya Mein Jo Bhi,
Manava Seva Ke Patha Para ||

Vahi Jita Leta Hai Jagati Ke,
Jana Jana Ka Antahsthala |
Usaki Eka Udasi Hi,
Jaga Ko Kara Deti Hai Vihvala ||

Jaba-Jaba Jaga Mein Bhara Papa Ka,
Badha-Badha Hi Jata Hai |
Use Mitane Ki Hi Khatira,
Avatari Hi Ata Hai ||

Papa Aura Anyaya Sabhi Kuchha,
Isa Jagati Ka Hara Ke |
Dura Bhaga Deta Duniya Ke,
Danava Ko Kshana Bhara Ke ||

Sneha Sudha Ki Dhara Barasane,
Lagati Hai Isa Duniya Mein |
Gale Paraspara Milane Lagate,
Hain Jana Jana Apasa Mein ||

Aise Avatari Sai,
Mrityuloka Mein Akara |
Samata Ka Yah Patha Padhaya,
Sabako Apana Apa Mitakara ||

Nama Dwaraka Masjida Ka,
Rakha Shirdi Mein Sai Ne |
Dapa, Tapa, Santapa Mitaya,
Jo Kuchha Aya Sai Ne ||

Sada Yada Mein Masta Rama Ki,
Baithe Rahate The Sai |
Pahara Atha Hi Rama Nama Ko,
Bhajate Rahate The Sai ||

Sukhi Rukhi Taji Basi,
Chahe Ya Hove Pakavana |
Sauda Pyara Ke Bhukhe Sai Ki,
Khatira The Sabhi Samana ||

Sneha Aura Shraddha Se Apani,
Jana Jo Kuchha De Jate The ।
Bade Chava Se Usa Bhojana Ko,
Baba Pavana Karate The ॥

Kabhi-Kabhi Mana Bahalane Ko,
Baba Baga Mein Jate The ।
Pramudita Mana Mein Nirakha Prakriti,
Chhata Ko Ve Hote The ॥

Ranga-Birange Pushpa Baga Ke,
Manda-Manda Hila-Dula Karake ।
Bihada Virane Mana Mein Bhi,
Sneha Salila Bhara Jate The ॥

Aisi Samudhura Bela Mein Bhi,
Dukha Apata, Vipada Ke Mare ।
Apane Mana Ki Vyatha Sunane,
Jana Rahate Baba Ko Ghere ॥

Sunakara Jinaki Karunakatha Ko,
Nayana Kamala Bhara Ate The ।
De Vibhuti Hara Vyatha, Shanti,
Unake Ura Mein Bhara Dete The ॥

Jane Kya Adbhuta Shikta,
Usa Vibhuti Mein Hoti Thi |
Jo Dharana Karate Mastaka Para,
Dukha Sara Hara Leti Thi ||

Dhanya Manuja Ve Sakshat Darshana,
Jo Baba Sai Ke Paye |
Dhanya Kamala Kara Unake Jinase,
Charana-Kamala Ve Parasaye ||

Kasha Nirbhaya Tumako Bhi,
Sakshat Sai Mila Jata |
Varshon Se Ujada Chamana Apana,
Phira Se Aja Khila Jata ||

Gara Pakadata Mein Charana Shri Ke,
Nahin Chhodata Umrabhara |
Mana Leta Mein Jarura Unako,
Gara Ruthate Sai Mujha Para ||

श्री महावीर चालीसा

श्री महावीर चालीसा एक भक्ति गीत है जो श्री महावीर पर आधारित है।

॥ दोहा ॥

शीश नवा अरिहन्त को,
सिद्धन करूँ प्रणाम ।
उपाध्याय आचार्य का,
ले सुखकारी नाम ॥

सर्व साधु और सरस्वती,
जिन मन्दिर सुखकार ।
महावीर भगवान को,
मन-मन्दिर में धार ॥

॥ चौपाई ॥

जय महावीर दयालु स्वामी ।
वीर प्रभु तुम जग में नामी ॥

वर्धमान है नाम तुम्हारा ।
लगे हृदय को प्यारा प्यारा ॥

शांति छवि और मोहनी मूरत ।
शान हँसीली सोहनी सूरत ॥

तुमने वेश दिगम्बर धारा ।
कर्म-शत्रु भी तुम से हारा ॥

क्रोध मान अरु लोभ भगाया ।
महा-मोह तमसे डर खाया ॥

तू सर्वज्ञ सर्व का ज्ञाता ।
तुझको दुनिया से क्या नाता ॥

तुझमें नहीं राग और द्वेश ।
वीर रण राग तू हितोपदेश ॥

तेरा नाम जगत में सच्चा ।
जिसको जाने बच्चा बच्चा ॥

भूत प्रेत तुम से भय खावें ।
व्यन्तर राक्षस सब भग जावें ॥

महा व्याध मारी न सतावे ।
महा विकराल काल डर खावे ॥

काला नाग होय फन-धारी ।
या हो शेर भयंकर भारी ॥

ना हो कोई बचाने वाला ।
स्वामी तुम्हीं करो प्रतिपाला ॥

अग्नि दावानल सुलग रही हो ।
तेज हवा से भड़क रही हो ॥

नाम तुम्हारा सब दुःख खोवे ।
आग एकदम ठण्डी होवे ॥

हिंसामय था भारत सारा ।
तब तुमने कीना निस्तारा ॥

जन्म लिया कुण्डलपुर नगरी ।
हुई सुखी तब प्रजा सगरी ॥

सिद्धारथ जी पिता तुम्हारे ।
त्रिशला के आँखों के तारे ॥

छोड़ सभी झंझट संसारी ।
स्वामी हुए बाल-ब्रह्मचारी ॥

पंचम काल महा–दुखदाई ।
चाँदनपुर महिमा दिखलाई ॥

टीले में अतिशय दिखलाया ।
एक गाय का दूध गिराया ॥

सोच हुआ मन में ग्वाले के ।
पहुँचा एक फावड़ा लेके ॥

सारा टीला खोद बगाया ।
तब तुमने दर्शन दिखलाया ॥

जोधराज को दुख ने घेरा ।
उसने नाम जपा जब तेरा ॥

ठंडा हुआ तोप का गोला ।
तब सब ने जयकारा बोला ॥

मन्त्री ने मन्दिर बनवाया ।
राजा ने भी द्रव्य लगाया ॥

बड़ी धर्मशाला बनवाई ।
तुमको लाने को ठहराई ॥

तुमने तोड़ी बीसों गाड़ी ।
पहिया खसका नहीं अगाड़ी ॥

ग्वाले ने जो हाथ लगाया ।
फिर तो रथ चलता ही पाया ॥

पहिले दिन बैशाख वदी के ।
रथ जाता है तीर नदी के ॥

मीना गूजर सब ही आते ।
नाच-कूद सब चित उमगाते ॥

स्वामी तुमने प्रेम निभाया ।
ग्वाले का बहु मान बढ़ाया ॥

हाथ लगे ग्वाले का जब ही ।
स्वामी रथ चलता है तब ही ॥

मेरी है टूटी सी नैया ।
तुम बिन कोई नहीं खिवैया ॥

मुझ पर स्वामी जरा कृपा कर ।
मैं हूँ प्रभु तुम्हारा चाकर ॥

तुम से मैं अरु कछु नहीं चाहूँ ।
जन्म-जन्म तेरे दर्शन पाऊँ ॥

चालीसे को चन्द्र बनावे ।
बीर प्रभु को शीश नवावे ॥

॥ सोरठा ॥

नित चालीसहि बार,
पाठ करे चालीस दिन ।
खेय सुगन्ध अपार,
वर्धमान के सामने ।
होय कुबेर समान,
जन्म दरिद्री होय जो ।
जिसके नहिं सन्तान,
नाम वंश जग में चले ।

Shri Mahavir Chalisa

Mahavir Chalisa is a devotional song based on Shri Mahavir. Many people recited Mahavir Chalisa on festivals dedicated to Shri Mahavir.

|| Doha ||

Shisha Nava Arihanta Ko,
Siddhana Karun Pranama |
Upadhyaya Acharya Ka,
Le Sukhakari Nama ||

Sarva Sadhu Aura Saraswati,
Jina Mandira Sukhakara |
Mahavir Bhagawana Ko,
Mana Mandira Mein Dhara ||

|| Chaupai ||

Jai Mahavir Dayalu Swami |
Vira Prabhu Tuma Jaga Mein Nami ||

Vardhamana Hai Nama Tumhara |
Lage Hridaya Ko Pyara Pyara ||

Shanti Chhavi Aura Mohani Murata |
Shana Hansili Sohani Surata ||

Tumne Vesha Digambara Dhara |
Karma Shatru Bhi Tuma Se Hara ||

Krodha Mana Aru Lobha Bhagaya |
Maha-Moha Tamase Dara Khaya ||

Tu Sarvagya Sarva Ka Gyata |
Tujhako Duniya Se Kya Nata ||

Tujhamein Nahin Raga Aura Dvesha |
Vira Rana Raga Tu Hitopadesha ||

Tera Nama Jagata Mein Sachcha |
Jisako Jane Bachcha Bachcha ||

Bhuta Preta Tuma Se Bhaya Khavein |
Vyantara Rakshasa Saba Bhaga Javein ||

Maha Vyadha Mari Na Satave |
Maha Vikarala Kala Dara Khave ||

Kala Naga Hoya Phana-Dhari |
Ya Ho Shera Bhayankara Bhari ||

Na Ho Koi Bachane Vala |
Swami Tumhin Karo Pratipala ||

Agni Davanala Sulaga Rahi Ho |
Teja Hava Se Bhadaka Rahi Ho ||

Nama Tumhara Saba Dukha Khove |
Aga Ekadama Thandi Hove ||

Hinsamaya Tha Bharata Sara |
Taba Tumane Kina Nistara ||

Janma Liya Kundalapura Nagari |
Hui Sukhi Taba Praja Sagari ||

Siddharatha Ji Pita Tumhare |
Trishala Ke Ankho Ke Tare ||

Chhoda Sabhi Jhanjhata Sansari |
Swami Hue Bala Brahmachari ||

Panchama Kala Maha Dukhadai |
Chandanapura Mahima Dikhalai ||

Tile Mein Atishaya Dikhalaya |
Eka Gaya Ka Dudha Giraya ||

Socha Hua Mana Mein Gwale Ke |
Pahuncha Eka Phavada Leke ||

Sara Tila Khoda Bagaya |
Taba Tumane Darshana Dikhalaya ||

Jodharaja Ko Dukha Ne Ghera |
Usane Nama Japa Jaba Tera ||

Thanda Hua Topa Ka Gola |
Taba Saba Ne Jaikara Bola ||

Mantri Ne Mandira Banavaya |
Raja Ne Bhi Dravya Lagaya ||

Badi Dharmashala Banavayi |
Tumako Lane Ko Thaharayi ||

Tumane Todi Bison Gadi |
Pahiya Khasaka Nahi Agadi ||

Gwale Ne Jo Hatha Lagaya |
Phira To Ratha Chalata Hi Paya ||

Pahile Dina Baishakha Vadi Ke |
Ratha Jata Hai Tira Nadi Ke ||

Mina Gujara Saba Hi Ate |
Nacha-Kuda Saba Chita Umagate ||

Swami Tumane Prema Nibhaya |
Gwale Ka Bahu Mana Badaya ||

Hatha Lage Gwale Ka Jaba Hi |
Swami Ratha Chalata Hai Taba Hi ||

Meri Hai Tuti Si Naiya I
Tuma Bina Koi Nahin Khivaiya II

Mujha Para Swami Jara Kripa Kara I
Main Hu Prabhu Tumhara Chakara II

Tuma Se Main Aru Kachhu Nahin Chahun I
Janma Janma Tere Darshana Paun II

Chalise Ko Chandra Banave I
Bira Prabhu Ko Shisha Navave II

II Sortha II

Nita Chalisahi Bara,
Patha Kare Chalisa Dina I

Kheya Sugandha Apara,
Vardhamana Ke Samane I

Hoya Kubera Samana,
Janma Daridri Hoya Jo I

Jisake Nahin Santana,
Nama Vansha Jaga Mein Chale I

श्री नवग्रह चालीसा

श्री नवग्रह चालीसा एक भक्ति गीत है जो नवग्रह पर आधारित है। वैदिक ज्योतिष शास्त्र में सूर्य, चन्द्र, मंगल, बुध, बृहस्पति, शुक्र, शनि, राहु और केतु, इन नौ ग्रहों के समूह को नवग्रह कहाँ जाता है।

॥ दोहा ॥

श्री गणपति गुरुपद कमल,
प्रेम सहित सिरनाय ।
नवग्रह चालीसा कहत,
शारद होत सहाय ॥

जय जय रवि शशि सोम बुध,
जय गुरु भृगु शनि राज ।
जयति राहु अरु केतु ग्रह,
करहु अनुग्रह आज ॥

॥ चौपाई ॥

श्री सूर्य स्तुति

प्रथमहि रवि कहँ नावौं माथा ।
करहुं कृपा जनि जानि अनाथा ॥

हे आदित्य दिवाकर भानू ।
मैं मति मन्द महा अज्ञानू ॥

अब निज जन कहँ हरहु कलेषा ।
दिनकर द्वादश रूप दिनेशा ॥

नमो भास्कर सूर्य प्रभाकर ।
अर्क मित्र अघ मोघ क्षमाकर ॥

श्री चन्द्र स्तुति

शशि मयंक रजनीपति स्वामी ।
चन्द्र कलानिधि नमो नमामि ॥

राकापति हिमांशु राकेशा ।
प्रणवत जन तन हरहुं कलेशा ॥

सोम इन्दु विधु शान्ति सुधाकर ।
शीत रश्मि औषधि निशाकर ॥

तुम्हीं शोभित सुन्दर भाल महेशा ।
शरण शरण जन हरहुं कलेशा ॥

श्री मंगल स्तुति

जय जय जय मंगल सुखदाता ।
लोहित भौमादिक विख्याता ॥

अंगारक कुज रुज ऋणहारी ।
करहु दया यही विनय हमारी ॥

हे महिसुत छितिसुत सुखराशी ।
लोहितांग जय जन अघनाशी ॥

अगम अमंगल अब हर लीजै ।
सकल मनोरथ पूरण कीजै ॥

श्री बुध स्तुति

जय शशि नन्दन बुध महाराजा ।
करहु सकल जन कहँ शुभ काजा ॥

दीजैबुद्धि बल सुमति सुजाना ।
कठिन कष्ट हरि करि कल्याणा ॥

हे तारासुत रोहिणी नन्दन ।
चन्द्रसुवन दुख द्वन्द्व निकन्दन ॥

पूजहु आस दास कहु स्वामी ।
प्रणत पाल प्रभु नमो नमामी ॥

श्री बृहस्पति स्तुति

जयति जयति जय श्री गुरुदेवा ।
करों सदा तुम्हरी प्रभु सेवा ॥

देवाचार्य तुम देव गुरु ज्ञानी ।
इन्द्र पुरोहित विद्यादानी ॥

वाचस्पति बागीश उदारा ।
जीव बृहस्पति नाम तुम्हारा ॥

विद्या सिन्धु अंगिरा नामा ।
करहु सकल विधि पूरण कामा ॥

श्री शुक्र स्तुति

शुक्र देव पद तल जल जाता ।
दास निरन्तन ध्यान लगाता ॥

हे उशना भार्गव भृगु नन्दन ।
दैत्य पुरोहित दुष्ट निकन्दन ॥

भृगुकुल भूषण दूषण हारी ।
हरहु नेष्ट ग्रह करहु सुखारी ॥

तुहि द्विजबर जोशी सिरताजा ।
नर शरीर के तुमहीं राजा ॥

श्री शनि स्तुति

जय श्री शनिदेव रवि नन्दन ।
जय कृष्णो सौरी जगवन्दन ॥

पिंगल मन्द रौद्र यम नामा ।
वप्र आदि कोणस्थ ललामा ॥

वक्र दृष्टि पिप्पल तन साजा ।
क्षण महँ करत रंक क्षण राजा ॥

ललत स्वर्ण पद करत निहाला ।
हरहु विपत्ति छाया के लाला ॥

श्री राहु स्तुति

जय जय राहु गगन प्रविसइया ।
तुमही चन्द्र आदित्य ग्रसइया ॥

रवि शशि अरि स्वर्भानु धारा ।
शिखी आदि बहु नाम तुम्हारा ॥

सैहिंकेय तुम निशाचर राजा ।
अर्धकाय जग राखहु लाजा ॥

यदि ग्रह समय पाय कहिं आवहु ।
सदा शान्ति और सुख उपजावहु ॥

श्री केतु स्तुति

जय श्री केतु कठिन दुखहारी ।
करहु सुजन हित मंगलकारी ॥

ध्वजयुत रुण्ड रूप विकराला ।
घोर रौद्रतन अघमन काला ॥

शिखी तारिका ग्रह बलवान ।
महा प्रताप न तेज ठिकाना ॥

वाहन मीन महा शुभकारी ।
दीजै शान्ति दया उर धारी ॥

नवग्रह शान्ति फल

तीरथराज प्रयाग सुपासा ।
बसै राम के सुन्दर दासा ॥

ककरा ग्रामहिं पुरे-तिवारी ।
दुर्वासाश्रम जन दुख हारी ॥

नव-ग्रह शान्ति लिख्यो सुख हेतु ।
जन तन कष्ट उतारण सेतू ॥

जो नित पाठ करै चित लावै ।
सब सुख भोगि परम पद पावै ॥

॥ दोहा ॥

धन्य नवग्रह देव प्रभु,
महिमा अगम अपार ।
चित नव मंगल मोद गृह,
जगत जनन सुखद्वार ॥

यह चालीसा नवोग्रह,
विरचित सुन्दरदास ।
पढ़त प्रेम सुत बढ़त सुख,
सर्वानन्द हुलास ॥

Shri Navagraha Chalisa

Navagraha Chalisa is a devotional song based on Navagraha. Many people recited Navagraha Chalisa on festivals dedicated to Navagraha. In Vedic astrology, the group of nine planets, namely the Sun, the Moon, Mars, Mercury, Jupiter, Venus, Saturn, Rahu and Ketu, is known as Navagraha.

|| Doha ||

Shri Ganapati Gurupada Kamala,
Prema Sahita Siranaya |
Navagraha Chalisa Kahata,
Sharada Hota Sahaya ||

Jai Jai Ravi Shashi Soma Budha,
Jai Guru Bhrigu Shani Raja |
Jayati Rahu Aru Ketu Graha,
Karahu Anugraha Aja ||

|| Chaupai ||

Shri Surya Stuti

Prathmahi Ravi Kahan Navon Matha |
Karahu Kripa Jani Jani Anatha ||

He Aditya Divakara Bhanu |
Mai Mati Manda Maha Agyanu ||

Aba Nija Jana Kahan Harahu Kalesha |
Dinkara Dvadasha Rupa Dinesha ||

Namo Bhaskara Surya Prabhakara |
Arka Mitra Agha Mogha Kshamakara ||

Shri Chandra Stuti

Shashi Mayanka Rajanipati Swami |
Chandra Kalanidhi Namo Namami ||

Rakapati Himanshu Rakesha |
Pranavata Jana Tana Harahu Kalesha ||

Soma Indu Vidhu Shanti Sudhakara |
Shita Rashmi Aushadhi Nishakara ||

Tumahi Shobhita Sundara Bhala Mahesha |
Sharana Sharana Jana Harahu Kalesha ||

Shri Mangala Stuti

Jai Jai Mangala Sukha Data ।
Lohita Bhaumadika Vikhyata ॥

Angaraka Kuja Ruja Rinahari ।
Karahu Daya Yahi Vinaya Hamari ॥

Hey Mahisuta Chitisuta Sukharashi ।
Lohitanga Jai Jana Aghanashi ॥

Agama Amangala Aba Hara Lije ।
Sakala Manoratha Purana Kije ॥

Shri Budha Stuti

Jai Shashi Nandana Budha Maharaja ।
Karahu Sakala Jana Kahan Shubha Kaja ॥

Dijai Buddhibala Sumati Sujana ।
Kathina Kashta Hari Kari Kalyana ॥

He Tarasuta Rohini Nandana ।
Chandrasuvana Dukha Dwanda Nikandana ॥

Pujahu Asa Dasa Kahu Swami ।
Pranata Pala Prabhu Namo Namami ॥

Shri Brihaspati Stuti

Jayati Jayati Jai Shri Gurudeva |
Karo Sada Tumhari Prabhu Seva ||

Devacharya Tuma Deva Guru Gyani |
Indra Purohita Vidyadani ||

Vachaspati Bagisha Udara |
Jiva Brihashpati Nama Tumhara ||

Vidya Sindhu Angira Nama |
Karahu Sakala Vidhi Purana Kama ||

Shri Shukra Stuti

Shukra Deva Pada Tala Jala Jata |
Dasa Nirantara Dhyana Lagata ||

Hey Ushana Bhargava Bhrigu Nandana |
Daitya Purohita Dushta Nikandana ||

Bhrigukula Bhushana Dushana Hari |
Harahu Neshta Graha Karahu Sukhari ||

Tuhi Dwijvara Joshi Sirtaja |
Nara Sharira Ke Tumhi Raja ||

Shri Shani Stuti

Jai Shri Shanideva Ravinandana |
Jai Krishno Sauri Jagavandana ||

Pingala Manda Raudra Yama Nama |
Vapra Adi Konastha Lalama ||

Vakra Dristi Pippala Tana Saja |
Kshana Mahan Karata Ranka Kshana Raja ||

Lalata Svarna Pada Karata Nihala |
Harahu Vipatti Chaya Ke Lala ||

Shri Rahu Stuti

Jai Jai Rahu Gagana Pravisaiya |
Tumahi Chandra Aditya Grasaiya ||

Ravi Shashi Ari Svarbhanu Dhara |
Shikhi Adi Bahu Nama Tumhara ||

Saihinkeya Tuma Nishachara Raja |
Ardhakaya Jaga Rakhahu Laja ||

Yadi Graha Samaya Paya Kahi Avahu |
Sada Shanti Aur Sukha Upajavahu ||

Shri Ketu Stuti

Jai Shri Ketu Kathina Dukhahari I
Karhu Sujana Hita Mangalakari II

Dhvajayuta Runda Rupa Vikrala I
Ghora Raudratan Adhmana Kala II

Shikhi Tarika Graha Balvana I
Maha Pratapa Na Teja Thikana II

Vahana Mina Maha Shubhakari I
Dije Shanti Daya Ura Dhari II

Navagraha Shanti Phala

Tirathraja Prayaga Supasa I
Basai Rama Ke Sundara Dasa II

Kakra Gramhi Pure-Tiwari I
Durvashrama Jana Dukha Hari II

Nava-Graha Shanti Likhyo Sukha Hetu I
Jana Tana Kashta Utarana Setu II

Jo Nita Patha Kare Chita Lavai I
Saba Sukha Bhogi Parama Pada Pavai II

|| Doha ||

Dhanya Navagraha Deva Prabhu,
Mahima Agama Apara |
Chita Nava Mangala Moda Griha,
Jagata Janana Sukhdwara ||

Yeha Chalisa Navograha,
Vichrita Sundardasa |
Padata Prema Suta Badata Sukha,
Sarvananda Hulasa ||

श्री सूर्य देव चालीसा

सूर्य चालीसा एक भक्ति गीत है जो भगवान सूर्यदेव पर आधारित है। सूर्य चालीसा एक लोकप्रिय प्रार्थना है जो 40 छन्दों से बनी है। कई लोग भगवान सूर्यदेव को समर्पित त्योहारों पर सूर्य चालीसा का पाठ करते हैं।

॥ दोहा ॥

कनक बदन कुण्डल मकर,
मुक्ता माला अंग ।
पद्मासन स्थित ध्याइए,
शंख चक्र के संग ॥

॥ चौपाई ॥

जय सविता जय जयति दिवाकर! ।
सहस्रांशु! सप्ताश्व तिमिरहर ॥

भानु! पतंग! मरीची! भास्कर! ।
सविता हंस! सुनूर विभाकर ॥

विवस्वान! आदित्य! विकर्तन ।
मार्तण्ड हरिरूप विरोचन ॥

अम्बरमणि! खग! रवि कहलाते ।
वेद हिरण्यगर्भ कह गाते ॥

सहस्रांशु प्रद्योतन, कहिकहि ।
मुनिगन होत प्रसन्न मोदलहि ॥

अरुण सदृश सारथी मनोहर ।
हांकत हय साता चढ़ि रथ पर ॥

मंडल की महिमा अति न्यारी ।
तेज रूप केरी बलिहारी ॥

उच्चैःश्रवा सदृश हय जोते ।
देखि पुरन्दर लज्जित होते ॥

मित्र मरीचि भानु अरुण भास्कर ।
सविता सूर्य अर्क खग कलिकर ॥

पूषा रवि आदित्य नाम लै ।
हिरण्यगर्भाय नमः कहिकै ॥

द्वादस नाम प्रेम सों गावैं ।
मस्तक बारह बार नवावैं ॥

चार पदारथ जन सो पावै ।
दुःख दारिद्र अघ पुंज नसावै ॥

नमस्कार को चमत्कार यह।
विधि हरिहर को कृपासार यह ॥

सेवै भानु तुमहिं मन लाई।
अष्टसिद्धि नवनिधि तेहिं पाई ॥

बारह नाम उच्चारन करते।
सहस जनम के पातक टरते ॥

उपाख्यान जो करते तवजन।
रिपु सों जमलहते सोतेहि छन ॥

धन सुत जुत परिवार बढ़तु है।
प्रबल मोह को फंद कटतु है ॥

अर्क शीश को रक्षा करते।
रवि ललाट पर नित्य बिहरते ॥

सूर्य नेत्र पर नित्य विराजत।
कर्ण देस पर दिनकर छाजत ॥

भानु नासिका वासकरहुनित।
भास्कर करत सदा मुखको हित ॥

ओंठ रहैं पर्जन्य हमारे।
रसना बीच तीक्ष्ण बस प्यारे॥

कंठ सुवर्ण रेत की शोभा।
तिग्म तेजसः कांधे लोभा॥

पूषां बाहू मित्र पीठहिं पर।
त्वष्टा वरुण रहत सुउष्णकर॥

युगल हाथ पर रक्षा कारन।
भानुमान उरसर्म सुउदरचन॥

बसत नाभि आदित्य मनोहर।
कटिमहं, रहत मन मुदभर॥

जंघा गोपति सविता बासा।
गुप्त दिवाकर करत हुलासा॥

विवस्वान पद की रखवारी।
बाहर बसते नित तम हारी॥

सहस्रांशु सर्वांग सम्हारै।
रक्षा कवच विचित्र विचारे॥

अस जोजन अपने मन माहीं ।
भय जगबीच करहुं तेहि नाहीं ॥

दद्रु कुष्ठ तेहिं कबहु न व्यापै ।
जोजन याको मन मंह जापै ॥

अंधकार जग का जो हरता ।
नव प्रकाश से आनन्द भरता ॥

ग्रह गन ग्रसि न मिटावत जाही ।
कोटि बार मैं प्रनवौं ताही ॥

मंद सदृश सुत जग में जाके ।
धर्मराज सम अद्‌भुत बांके ॥

धन्य-धन्य तुम दिनमनि देवा ।
किया करत सुरमुनि नर सेवा ॥

भक्ति भावयुत पूर्ण नियम सों ।
दूर हटतसो भवके भ्रम सों ॥

परम धन्य सों नर तनधारी ।
हैं प्रसन्न जेहि पर तम हारी ॥

अरुण माघ महं सूर्य फाल्गुन ।
मधु वेदांग नाम रवि उदयन ॥

भानु उदय बैसाख गिनावै ।
ज्येष्ठ इन्द्र आषाढ़ रवि गावै ॥

यम भादों आश्विन हिमरेता ।
कातिक होत दिवाकर नेता ॥

अगहन भिन्न विष्णु हैं पूसहिं ।
पुरुष नाम रवि हैं मलमासहिं ॥

॥ दोहा ॥

भानु चालीसा प्रेम युत,
गावहिं जे नर नित्य ।
सुख सम्पत्ति लहि बिबिध,
होंहिं सदा कृतकृत्य ॥

Shri Surya Deva Chalisa

Shri Surya Deva Chalisa is a devotional song based on Lord Surya Deva. Many people recited Lord Surya Deva Chalisa on festivals dedicated to Lord Surya Deva.

ll Doha ll

Kanaka Badana Kundala Makara,
Mukta Mala Anga l
Padmasana Sthita Dhyaie,
Shankha Chakra Ke Sanga ll

ll Chaupai ll

Jai Savita Jai Jayati Divakara! l
Sahasranshu! Saptashva Timirahara ll

Bhanu! Patanga! Marichi! Bhaskara! l
Savita Hansa! Sunura Vibhakara ll

Vivaswana! Aditya! Vikartana l
Martanda Harirupa Virochana ll

Ambaramani! Khaga! Ravi Kahalate l
Veda Hiranyagarbha Kaha Gate ll

Sahasranshu Pradyotana, Kahikahi |
Munigana Hota Prasanna Modalahi ||

Aruna Sadrisha Sarathi Manohara |
Hankata Haya Sata Chadi Ratha Para ||

Mandala Ki Mahima Ati Nyari |
Teja Rupa Keri Balihari ||

Uchchaihshrava Sadrisha Haya Jote |
Dekhi Purandara Lajjita Hote ||

Mitra Marichi Bhanu Aruna Bhaskara |
Savita Surya Arka Khaga Kalikara ||

Pusha Ravi Aditya Nama Lai |
Hiranyagarbhaya Namah Kahikai ||

Dwadasa Nama Prema So Gavain |
Mastaka Baraha Bara Navavain ||

Chara Padaratha Jana So Pavai |
Dukha Daridra Agha Punja Nasavai ||

Namaskara Ko Chamatkara Yah |
Vidhi Harihara Ko Kripasara Yah ||

Sevai Bhanu Tumahin Mana Layi |
Ashtasiddhi Navanidhi Tehin Payi ||

Baraha Nama Uchcharana Karate |
Sahasa Janama Ke Pataka Tarate ||

Upakhyana Jo Karate Tavajana |
Ripu So Jamalahate Sotehi Chhana ||

Dhana Suta Juta Parivara Badhatu Hai |
Prabala Moha Ko Phanda Katatu Hai ||

Arka Shisha Ko Raksha Karate |
Ravi Lalata Para Nitya Biharate ||

Surya Netra Para Nitya Virajata |
Karna Desa Para Dinakara Chhajata ||

Bhanu Nasika Vasakarahunita |
Bhaskara Karata Sada Mukhako Hita ||

Ontha Rahai Parjanya Hamare |
Rasana Bicha Tikshna Basa Pyare ||

Kantha Suvarna Reta Ki Shobha |
Tigma Tejasah Kandhe Lobha ||

Pusham Bahu Mitra Pithahin Para |
Tvashta Varuna Rahata Su-Ushnakara ||

Yugala Hatha Para Raksha Karana |
Bhanumana Urasarma Su-Udarachana ||

Basata Nabhi Aditya Manohara |
Katimahan, Rahata Mana Mudabhara ||

Jangha Gopati Savita Basa |
Gupta Divakara Karata Hulasa ||

Vivaswana Pada Ki Rakhavari |
Bahara Basate Nita Tam Hari ||

Sahasranshu Sarvanga Samharai |
Raksha Kavacha Vichitra Vichare ||

Asa Jojana Apane Mana Mahi |
Bhaya Jagabicha Karahun Tehi Nahi ||

Dadru Kushtha Tehi Kabahu Na Vyapai |
Jojana Yako Mana Manha Japai ||

Andhakara Jaga Ka Jo Harata |
Nava Prakasha Se Ananda Bharata ||

Graha Gana Grasi Na Mitavata Jahi |
Koti Bara Main Pranavaun Tahi ||

Manda Sadrisha Suta Jaga Me Jake |
Dharmaraja Sam Adbhuta Banke ||

Dhanya-Dhanya Tuma Dinamani Deva |
Kiya Karata Suramuni Nara Seva ||

Bhakti Bhavayuta Purna Niyama Son I
Dura Hatataso Bhavake Bhrama Son II

Parama Dhanya So Nara Tanadhari I
Hain Prasanna Jehi Para Tama Hari II

Aruna Magha Mahan Surya Phalguna I
Madhu Vedanga Nama Ravi Udayana II

Bhanu Udaya Baisakha Ginavai I
Jyeshtha Indra Ashadha Ravi Gavai II

Yama Bhado Ashwin Himareta I
Katika Hota Divakara Neta II

Agahana Bhinna Vishnu Hain Pusahin I
Purusha Nama Ravi Hain Malamasahin II

II Doha II

Bhanu Chalisa Prema Yuta,
Gavahin Je Nar Nitya I
Sukha Sampatti Lahi Bibidha,
Honhi Sada Kritakritya II

श्री शनि चालीसा

शनि चालीसा एक भक्ति गीत है जो भगवान शनिदेव पर आधारित है। शनि चालीसा एक लोकप्रिय प्रार्थना है जो 40 छन्दों से बनी है। कई लोग शनि जयन्ती पर और शनिवार जो दिन भगवान शनि की पूजा करने के लिए समर्पित है, के दिन भी शनि चालीसा का पाठ करते हैं।

॥ दोहा ॥

जय गणेश गिरिजा सुवन,
मंगल करण कृपाल ।
दीनन के दुःख दूर करि,
कीजै नाथ निहाल ॥

जय जय श्री शनिदेव प्रभु,
सुनहु विनय महाराज ।
करहु कृपा हे रवि तनय,
राखहु जन की लाज ॥

॥ चौपाई ॥

जयति जयति शनिदेव दयाला ।
करत सदा भक्तन प्रतिपाला ॥

चारि भुजा, तनु श्याम विराजै ।
माथे रतन मुकुट छवि छाजै ॥

परम विशाल मनोहर भाला ।
टेढ़ी दृष्टि भृकुटि विकराला ॥

कुण्डल श्रवण चमाचम चमके ।
हिये माल मुक्तन मणि दमके ॥

कर में गदा त्रिशूल कुठारा ।
पल बिच करैं अरिहिं संहारा ॥

पिंगल, कृष्णों, छाया, नन्दन ।
यम, कोणस्थ, रौद्र, दुःख भंजन ॥

सौरी, मन्द, शनि, दशनामा ।
भानु पुत्र पूजहिं सब कामा ॥

जा पर प्रभु प्रसन्न है जाहीं ।
रंकहुं राव करैं क्षण माहीं ॥

पर्वतहू तृण होई निहारत ।
तृणहू को पर्वत करि डारत ॥

राज मिलत वन रामहिं दीन्हो ।
कैकेइहुं की मति हरि लीन्हो ॥

बनहूं में मृग कपट दिखाई ।
मातु जानकी गयी चुराई ॥

लखनहिं शक्ति विकल करिडारा ।
मचिगा दल में हाहाकारा ॥

रावण की गति मति बौराई ।
रामचन्द्र सों बैर बढ़ाई ॥

दियो कीट करि कंचन लंका ।
बजि बजरंग बीर की डंका ॥

नृप विक्रम पर तुहि पगु धारा ।
चित्र मयूर निगलि गै हारा ॥

हार नौलाखा लाग्यो चोरी ।
हाथ पैर डरवायो तोरी ॥

भारी दशा निकृष्ट दिखायो ।
तेलिहिं घर कोल्हू चलवायो ॥

विनय राग दीपक महँ कीन्हों ।
तब प्रसन्न प्रभु है सुख दीन्हों ॥

हरिश्चन्द्र नृप नारि बिकानी ।
आपहुँ भरे डोम घर पानी ॥

तैसे नल पर दशा सिरानी ।
भूँजी-मीन कूद गयी पानी ॥

श्री शंकरहि गहयो जब जाई ।
पार्वती को सती कराई ॥

तनिक विलोकत ही करि रीसा ।
नभ उड़ि गयो गौरिसुत सीसा ॥

पाण्डव पर भै दशा तुम्हारी ।
बची द्रोपदी होति उघारी ॥

कौरव के भी गति मति मारयो ।
युद्ध महाभारत करि डारयो ॥

रवि कहं मुख महं धरि तत्काला ।
लेकर कूदि परयो पाताला ॥

शेष देव-लखि विनती लाई ।
रवि को मुख ते दियो छुड़ाई ॥

वाहन प्रभु के सात सुजाना ।
हय दिग्ज गर्दभ मृग स्वाना ॥

जम्बुक सिंह आदि नख धारी ।
सो फल ज्योतिष कहत पुकारी ॥

गज वाहन लक्ष्मी गृह आवैं ।
हय ते सुख सम्पत्ति उपजावै ॥

गर्दभ हानि करै बहु काजा ।
सिंह सिद्धकर राज समाजा ॥

जम्बुक बुद्धि नष्ट कर डारै ।
मृग दे कष्ट प्राण संहारै ॥

जब आवहिं प्रभु स्वान सवारी ।
चोरी आदि होय डर भारी ॥

तैसहि चारि चरण यह नामा ।
स्वर्ण लौह चाँजी अरु तामा ॥

लौह चरण पर जब प्रभु आवैं ।
धन जन सम्पत्ति नष्ट करावै ॥

समता ताम्र रजत शुभकारी ।
स्वर्ण सर्वसुख मंगल कारी ॥

जो यह शनि चरित्र नित गावै ।
कबहुं न दशा निकृष्ट सतावै ॥

अदभुत नाथ दिखावैं लीला ।
करैं शत्रु के नशि बलि ढीला ॥

जो पण्डित सुयोग्य बुलवाई ।
विधिवत शनि ग्रह शान्ति कराई ॥

पीपल जल शनि दिवस चढ़ावत ।
दीप दान दै बहु सुख पावत ॥

कहत राम सुन्दर प्रभु दासा ।
शनि सुमिरत सुख होत प्रकाशा ॥

॥ दोहा ॥

पाठ शनिश्चर देव को, कीन्हों विमल तैयार ।
करत पाठ चालीस दिन, हो भवसागर पार ॥

Shri Shani Chalisa

Shani Chalisa is a devotional song based on Lord Shani. Many people recite Shani Chalisa on Shani Jayanti and also on Saturday, the day dedicated to worshipping Lord Shani.

|| Doha ||

Jai Ganesha Girija Suwana,
Mangala Karana Kripala |
Dinana Ke Dukha Dura Kari,
Kijai Natha Nihala ||

Jai Jai Shri Shanideva Prabhu,
Sunahu Vinaya Maharaja |
Karahu Kripa He Ravi Tanaya,
Rakhahu Jana Ki Laja ||

|| Chaupai ||

Jayati Jayati Shanideva Dayala |
Karata Sada Bhaktana Pratipala ||

Chari Bhuja, Tanu Shyama Virajai |
Mathe Ratana Mukuta Chhavi Chhajai ||

Parama Vishala Manohara Bhala |
Tedi Drishti Bhrikuti Vikarala ||

Kundala Shravana Chamachama Chamake |
Hiye Mala Muktana Mani Damake ||

Kara Mein Gada Trishula Kuthara |
Pala Bicha Karain Arihim Samhara ||

Pingala, Krishnon, Chhaya, Nandana |
Yama, Konastha, Raudra, Dukha Bhanjana ||

Sauri, Manda Shani, Dashanama |
Bhanu Putra Pujahin Saba Kama ||

Ja Para Prabhu Prasanna Hai Jahin |
Rankahun Rava Karain Kshana Mahin ||

Parvatahu Trina Hoi Niharata |
Trinahu Ko Parvata Kari Darata ||

Raja Milata Vana Ramahin Dinhon |
Kaikeihum Ki Mati Hari Linho ||

Banahun Main Mriga Kapata Dikhayi |
Matu Janaki Gayi Churayi ||

Lakhanahin Shakti Vikala Karidara |
Machiga Dala Mein Hahakara ||

Ravana Ki Gati Mati Baurai |
Ramchandra Son Baira Badhai ||

Diyo Kita Kari Kanchana Lanka |
Baji Bajaranga Bira Ki Danka ||

Nripa Vikrama Para Tuhi Pagu Dhara |
Chitra Mayura Nigali Gai Hara ||

Hara Naulakha Lagyo Chori |
Hatha Paira Daravayo Tori ||

Bhari Dasha Nikrishta Dikayo |
Telihin Ghar Kolhu Chalvayo ||

Vinaya Raga Dipaka Mahan Kinhon |
Taba Prasanna Prabhu Hai Sukha Dinhon ||

Harishchandra Nripa Nari Bikani |
Apahun Bhare Doma Ghara Pani ||

Taise Nala Para Dasha Sirani |
Bhunji-Mina Kuda Gayi Pani ||

Shri Shankarahin Gahyo Jaba Jayi |
Parvati Ko Sati Karayi ||

Tanika Vilokata Hi Kari Risa |
Nabha Udi Gayo Gaurisuta Sisa ||

Pandava Para Bhai Dasha Tumhari |
Bachi Dropadi Hoti Ughari ||

Kaurava Ke Bhi Gati Mati Marayo |
Yuddha Mahabharata Kari Darayo ||

Ravi Kahan Mukha Mahan Dhari Tatkala |
Lekara Kudi Parayo Patala ||

Shesha Deva-Lakhi Vinati Layi |
Ravi Ko Mukha Te Diyo Chhudayi ||

Vahana Prabhu Ke Sata Sujana |
Haya Digja Gardabha Mriga Swana ||

Jambuka Sinha Adi Nakha Dhari |
So Phala Jyotisha Kahata Pukari ||

Gaja Vahana Lakshmi Griha Avain |
Haya Te Sukha Sampatti Upajavai ||

Gardabha Hani Karai Bahu Kaja |
Simha Siddhakara Raja Samaja ||

Jambuka Buddhi Nashta Kara Darai |
Mriga De Kashta Prana Sanharai ||

Jaba Avahin Prabhu Swana Savari |
Chori Adi Hoya Dara Bhari ||

Taisahi Chari Charana Yah Nama |
Swarna Lauh Chanji Aru Tama ||

Lauh Charana Para Jaba Prabhu Avain |
Dhana Jana Sampatti Nashta Karavai ||

Samata Tamra Rajata Shubhakari |
Swarna Sarvasukha Mangala Kari ||

Jo Yah Shani Charitra Nita Gavai |
Kabahun Na Dasha Nikrishta Satavai ||

Adabhuta Natha Dikhavain Lila |
Karain Shatru Ke Nashi Bali Dhila ||

Jo Pandita Suyogya Bulavayi |
Vidhivata Shani Graha Shanti Karayi ||

Pipala Jala Shani Diwasa Chadhavata |
Dipa Dana Dai Bahu Sukha Pawata ||

Kahata Rama Sundara Prabhu Dasa |
Shani Sumirata Sukha Hota Prakasha ||

|| Doha ||

Patha Shanishchara Deva Ko,
Kinoh Vimala Taiyara |
Karata Patha Chalisa Dina,
Ho Bhavasagara Para ||

अन्य चालीसाएं

श्री बटुक भैरव चालीसा

श्री बटुक भैरव चालीसा एक भक्ति गीत है जो भगवान बटुक भैरव पर आधारित है। भैरव बाबा की पूजा सभी पापों से मुक्ति प्रदान करती है। शिवपुराण में उन्हें भगवान शिव का पूर्ण रूप बताया गया है।

ॐ

॥ दोहा ॥

विश्वनाथ को सुमिर मन, धर गणेश का ध्यान ।
भैरव चालीसा रचूं, कृपा करहु भगवान ॥

बटुकनाथ भैरव भजू, श्री काली के लाल ।
छीतरमल पर कर कृपा, काशी के कुतवाल ॥

॥ चौपाई ॥

जय जय श्रीकाली के लाला ।
रहो दास पर सदा दयाला ॥

भैरव भीषण भीम कपाली ।
क्रोधवन्त लोचन में लाली ॥

कर त्रिशूल है कठिन कराला ।
गल में प्रभु मुण्डन की माला ॥

कृष्ण रूप तन वर्ण विशाला ।
पीकर मद रहता मतवाला ॥

रुद्र बटुक भक्तन के संगी ।
प्रेत नाथ भूतेश भुजंगी ॥

त्रैलतेश है नाम तुम्हारा ।
चक्र तुण्ड अमरेश पियारा ॥

शेखरचंद्र कपाल बिराजे ।
स्वान सवारी पै प्रभु गाजे ॥

शिव नकुलेश चण्ड हो स्वामी ।
बैजनाथ प्रभु नमो नमामी ॥

अश्वनाथ क्रोधेश बखाने ।
भैरों काल जगत ने जाने ॥

गायत्री कहैं निमिष दिगम्बर ।
जगन्नाथ उन्नत आडम्बर ॥

क्षेत्रपाल दसपाण कहाये ।
मंजुल उमानन्द कहलाये ॥

चक्रनाथ भक्तन हितकारी ।
कहैं त्रयंबक सब नर नारी ॥

संहारक सुनन्द तव नामा ।
करहु भक्त के पूरण कामा ॥

नाथ पिशाचन के हो प्यारे ।
संकट मेटहु सकल हमारे ॥

कृत्यायु सुन्दर आनन्दा ।
भक्त जनन के काटहु फन्दा ॥

कारण लम्ब आप भय भंजन ।
नमोनाथ जय जनमन रंजन ॥

हो तुम देव त्रिलोचन नाथा ।
भक्त चरण में नावत माथा ॥

त्वं अशतांग रुद्र के लाला ।
महाकाल कालों के काला ॥

ताप विमोचन अरि दल नासा ।
भाल चन्द्रमा करहि प्रकाशा ॥

श्वेत काल अरु लाल शरीरा ।
मस्तक मुकुट शीश पर चीरा ॥

काली के लाला बलधारी ।
कहाँ तक शोभा कहूँ तुम्हारी ॥

शंकर के अवतार कृपाला ।
रहो चकाचक पी मद प्याला ॥

शंकर के अवतार कृपाला ।
बटुक नाथ चेटक दिखलाओ ॥

रवि के दिन जन भोग लगावें ।
धूप दीप नैवेद्य चढ़ावें ॥

दरशन करके भक्त सिहावें ।
दारुड़ा की धार पिलावें ॥

मठ में सुन्दर लटकत झावा ।
सिद्ध कार्य कर भैरों बाबा ॥

नाथ आपका यश नहीं थोड़ा ।
करमें सुभग सुशोभित कोड़ा ॥

कटि घूँघरा सुरीले बाजत ।
कंचनमय सिंहासन राजत ॥

नर नारी सब तुमको ध्यावहिं ।
मनवांछित इच्छाफल पावहिं ॥

भोपा हैं आपके पुजारी ।
करें आरती सेवा भारी ॥

भैरव भात आपका गाऊँ ।
बार बार पद शीश नवाऊँ ॥

आपहि वारे छीजन धाये ।
ऐलादी ने रुदन मचाये ॥

बहन त्यागि भाई कहाँ जावे ।
तो बिन को मोहि भात पिन्हावे ॥

रोये बटुक नाथ करुणा कर ।
गये हिवारे मैं तुम जाकर ॥

दुखित भई ऐलादी बाला ।
तब हर का सिंहासन हाला ॥

समय व्याह का जिस दिन आया ।
प्रभु ने तुमको तुरत पठाया ॥

विष्णु कही मत विलम्ब लगाओ ।
तीन दिवस को भैरव जाओ ॥

दल पठान संग लेकर धाया ।
ऐलादी को भात पिन्हाया ॥

पूरन आस बहन की कीनी ।
सुर्ख चुन्दरी सिर धर दीनी ॥

भात भेरा लौटे गुण ग्रामी ।
नमो नमामी अन्तर्यामी ॥

॥ दोहा ॥

जय जय जय भैरव बटुक, स्वामी संकट टार ।
कृपा दास पर कीजिए, शंकर के अवतार ॥

जो यह चालीसा पढे, प्रेम सहित सत बार ।
उस घर सर्वानन्द हों, वैभव बढ़ें अपार ॥

Shri Batuka Bhairava Chalisa

Shri Batuka Bhairava Chalisa is a devotional song based on Lord Batuka Bhairava. The worship of Bhairava Baba provides liberation from all sins. In Shiva Purana, He is described as the complete form of Lord Shiva.

|| Doha ||

Vishwanatha Ko Sumira Mana,
Dhara Ganesha Ka Dhyana |
Bhairava Chalisa Rachun,
Kripa Karahu Bhagawana ||

Batuknatha Bhairava Bhajun,
Shri Kali Ke Lala |
Chhitarmala Para Kara Kripa,
Kashi Ke Kutawala ||

|| Chaupai ||

Jai Jai Shri Kali Ke Lala |
Raho Dasa Para Sada Dayala ||

Bhairava Bhishana Bhima Kapali |
Krodhavanta Lochana Me Lali ||

Kara Trishula Hain Kathina Karala |
Gala Mein Prabhu Mundana Ki Mala ||

Krishna Rupa Tana Varna Vishala |
Pikara Mada Rahta Matawala ||

Rudra Batuka Bhaktana Ke Sangi |
Preta Natha Bhutesha Bhujangi ||

Traila Tesha Hain Nama Tumhara |
Chakra Tunda Amaresha Piyara ||

Shekharachandra Kapala Biraje |
Swana Sawari Pe Prabhu Gaje ||

Shiva Nakulesha Chanda Ho Swami |
Baijanatha Prabhu Namo Namami ||

Ashwanatha Krodhesha Bakhane |
Bhairo Kala Jagata Ne Jane ||

Gayatri Kahen Nimisha Digambara |
Jagannatha Unnata Adambara ||

Kshetrapala Dasapana Kahaye |
Manjula Umananda Kahalaye ||

Chakranatha Bhaktana Hitakari |
Kahein Trayambaka Saba Nara Nari ||

Samharaka Sunanda Taba Nama |
Karahu Bhakta Ke Purana Kama ||

Natha Pishachana Ke Ho Pyare |
Sankata Metahu Sakala Hamare ||

Krityayu Sundara Ananda |
Bhakta Janana Ke Katahu Phanda ||

Karana Lamba Bhaya Bhanjana |
Namonatha Jai Jagamana Ranjana ||

Ho Tuma Deva Trilochana Natha |
Bhakta Charana Me Navata Matha ||

Twanga Ashatanga Rudra Ke Lala |
Mahakala Kalon Ke Kala ||

Tapa Vimochana Ari Dala Nasa |
Bhala Chandrama Karahi Prakasha ||

Shveta Kala Aru Lala Sharira |
Mastaka Mukuta Shisha Para Chira ||

Kali Ke Lala Baladhari |
Kahan Taka Shobha Kahun Tumhari ||

Shankara Ke Avatara Kripala |
Raho Chakachaka Pi Mada Pyala ||

Shankara Ke Avatara Kripala |
Batuka Natha Chetaka Dikhalao ||

Ravi Ke Dina Jana Bhoga Lagawein |
Dhupa Dipa Naivedya Chadhawein ||

Darshana Karke Bhakta Sihavein |
Daruda Ki Dhara Pilawein ||

Matha Me Sundara Latakata Jhawa |
Siddha Karya Kara Bhairo Baba ||

Natha Apka Yasha Nahi Thoda |
Karamein Subhaga Sushobhita Koda ||

Kati Ghunghra Surile Bajata |
Kanchanamaya Simhasana Rajata ||

Nara Nari Saba Tumko Dhyawahin |
Manavanchhita Ichchhaphala Pawahin ||

Bhopa Hain Apke Pujari |
Karein Arti Sewa Bhari ||

Bhairava Bhata Apka Gaun |
Bara Bara Pada Shisha Navaun ||

Apahi Vare Chhijana Dhaye |
Ailadi Ne Rudana Machaye ||

Bahana Tyagi Bhai Kahan Jawe I
To Bina Ko Mohi Bhata Pinhawe II

Roye Batuka Natha Karuna Kara I
Gaye Hiware Mein Tuma Jakara II

Dukhita Bhaya Ailadi Bala I
Taba Hara Ka Simhasana Hala II

Samaya Vyaha Ka Jisa Dina Aya I
Prabhu Ne Tumako Turata Pathaya II

Vishnu Kahi Mata Vilamba Lagao I
Tina Divasa Ko Bhairava Jao II

Dala Pathana Sanga Lekara Dhaya I
Ailadi Ko Bhata Pinhaya II

Purana Asa Bahan Ki Kini I
Surkha Chundari Sira Dhara Dini II

Bhata Bahira Laute Guna Grami I
Namo Namami Antaryami II

II Doha II

Jai Jai Bhairava Batuka, Swami Sankata Tara I
Kripa Dasa Para Kijiye, Shankara Ke Avatara II

Jo Yah Chalisa Padhe, Prem Sahita Sata Bara I
Us Ghara Sarvananda Hon, Vaibhava Badhein Apara II

श्री भैरव चालीसा

श्री भैरव चालीसा एक भक्ति गीत है जो भगवान भैरव पर आधारित है। भैरव बाबा की पूजा सभी पापों से मुक्ति प्रदान करती है। शिवपुराण में उन्हें भगवान शिव का पूर्ण रूप बताया गया है।

॥ दोहा ॥

श्री भैरव संकट हरन,
मंगल करन कृपालु ।
करहु दया निज दास पे,
निशिदिन दीनदयालु ॥

॥ चौपाई ॥

जय डमरूधर नयन विशाला ।
श्याम वर्ण, वपु महा कराला ॥

जय त्रिशूलधर जय डमरूधर ।
काशी कोतवाल, संकटहर ॥

जय गिरिजासुत परमकृपाला ।
संकटहरण हरहु भ्रमजाला ॥

जयति बटुक भैरव भयहारी ।
जयति काल भैरव बलधारी ॥

अष्टरूप तुम्हरे सब गायें ।
सकल एक ते एक सिवाये ॥

शिवस्वरूप शिव के अनुगामी ।
गणाधीश तुम सबके स्वामी ॥

जटाजूट पर मुकुट सुहावै ।
भालचन्द्र अति शोभा पावै ॥

कटि करधनी घुँघरू बाजै ।
दर्शन करत सकल भय भाजै ॥

कर त्रिशूल डमरू अति सुन्दर ।
मोरपंख को चंवर मनोहर ॥

खप्पर खड्ग लिये बलवाना ।
रूप चतुर्भुज नाथ बखाना ॥

वाहन श्वान सदा सुखरासी ।
तुम अनन्त प्रभु तुम अविनाशी ॥

जय जय जय भैरव भय भंजन ।
जय कृपालु भक्तन मनरंजन ॥

नयन विशाल लाल अति भारी ।
रक्तवर्ण तुम अहहु पुरारी ॥

बं बं बं बोलत दिनराती ।
शिव कहँ भजहु असुर आराती ॥

एकरूप तुम शम्भु कहाये ।
दूजे भैरव रूप बनाये ॥

सेवक तुमहिं तुमहिं प्रभु स्वामी ।
सब जग के तुम अन्तर्यामी ॥

रक्तवर्ण वपु अहहि तुम्हारा ।
श्यामवर्ण कहुं होई प्रचारा ॥

श्वेतवर्ण पुनि कहा बखानी ।
तीनि वर्ण तुम्हरे गुणखानी ॥

तीनि नयन प्रभु परम सुहावहिं ।
सुरनर मुनि सब ध्यान लगावहिं ॥

व्याघ्र चर्मधर तुम जग स्वामी ।
प्रेतनाथ तुम पूर्ण अकामी ॥

चक्रनाथ नकुलेश प्रचण्डा ।
निमिष दिगम्बर कीरति चण्डा ॥

क्रोधवत्स भूतेश कालधर ।
चक्रतुण्ड दशबाहु व्यालधर ॥

अहहिं कोटि प्रभु नाम तुम्हारे ।
जयत सदा मेटत दुःख भारे ॥

चौंसठ योगिनी नाचहिं संगा ।
क्रोधवान तुम अति रणरंगा ॥

भूतनाथ तुम परम पुनीता ।
तुम भविष्य तुम अहहू अतीता ॥

वर्तमान तुम्हरो शुचि रूपा ।
कालजयी तुम परम अनूपा ॥

ऐलादी को संकट टार्यो ।
साद भक्त को कारज सारयो ॥

कालीपुत्र कहावहु नाथा ।
तव चरणन नावहुं नित माथा ॥

श्री क्रोधेश कृपा विस्तारहु ।
दीन जानि मोहि पार उतारहु ॥

भवसागर बूढत दिनराती ।
होहु कृपालु दुष्ट आराती ॥

सेवक जानि कृपा प्रभु कीजै ।
मोहिं भगति अपनी अब दीजै ॥

करहुँ सदा भैरव की सेवा ।
तुम समान दूजो को देवा ॥

अश्वनाथ तुम परम मनोहर ।
दुष्टन कहँ प्रभु अहहु भयंकर ॥

तम्हरो दास जहाँ जो होई ।
ताकहँ संकट परै न कोई ॥

हरहु नाथ तुम जन की पीरा ।
तुम समान प्रभु को बलवीरा ॥

सब अपराध क्षमा करि दीजै ।
दीन जानि आपुन मोहिं कीजै ॥

जो यह पाठ करे चालीसा ।
तापै कृपा करहु जगदीशा ॥

॥ दोहा ॥

जय भैरव जय भूतपति,
जय जय जय सुखकंद ।
करहु कृपा नित दास पे,
देहुं सदा आनन्द ॥

Shri Bhairava Chalisa

Bhairava Chalisa is a devotional song based on Lord Bhairava. Many people recited Bhairava Chalisa on festivals dedicated to Lord Bhairava. The worship of Bhairava Baba provides liberation from all sins. In Shiva Purana, He is described as the complete form of Lord Shiva.

|| Doha ||

Shri Bhairava Sankata Harana,
Mangala Karana Kripalu |
Karahu Daya Nija Dasa Pe,
Nishidina Dinadayalu ||

|| Chaupai ||

Jai Damrudhara Nayana Vishala |
Shyama Varna Vapu Maha Karala ||

Jai Trishuladhara Jai Damrudhara |
Kashi Kotawala Sankatahara ||

Jai Girijasuta Paramakripala |
Sankataharana Harahu Bhramajala ||

Jayati Batuka Bhairava Bhayahari |
Jayati Kala Bhairava Baladhari ||

Ashtarupa Tumhare Saba Gayein |
Sakala Ek Te Eka Sivaye ||

Shivaswarupa Shiva Ke Anugami |
Ganadhisha Tuma Sabake Swami ||

Jatajuta Para Mukuta Suhawai |
Bhalachandra Ati Shobha Pawai ||

Kati Karaghani Ghunghru Baje |
Darshana Karata Sakala Bhaya Bhaje ||

Kara Trishula Damru Ati Sundara |
Morapankha Ko Chanvara Manohara ||

Khappara Khadga Liye Balawana |
Rupa Chaturbhuja Natha Bakhana ||

Vahana Shvana Sada Sukharasi |
Tuma Ananta Prabhu Tuma Avinashi ||

Jai Jai Jai Bhairava Bhayo Bhanjana |
Jai Kripalu Bhaktana Manaranjana ||

Nayana Vishala Lala Ati Bhari |
Raktavarna Tuma Ahahu Purari ||

Bam Bam Bam Bolata Dinarati |
Shiva Kahan Bhajahu Asura Arati ||

Ekarupa Tuma Shambhu Kahaye |
Duje Bhairava Rupa Banaye ||

Sevaka Tumahin Tumahin Prabhu Swami |
Saba Jaga Ke Tuma Antaryami ||

Raktavarna Vapu Ahahi Tumhara |
Shyamavarna Kahun Hoi Prachara ||

Shvetavarna Puni Kaha Bakhani |
Tini Varna Tumhare Gunakhani ||

Tini Nayana Prabhu Parama Suhavahin |
Suranara Muni Saba Dhyana Lagawahin ||

Vyaghra Charmadhara Tuma Jaga Swami |
Pretanatha Tuma Purna Akami ||

Chakranatha Nakulesha Prachanda |
Nimisha Digambara Kirati Chanda ||

Krodhavatsa Bhutesha Kalakshara |
Chakratunda Dashabahu Vyaladhara ||

Ahahin Koti Prabhu Nama Tumhare |
Japata Sada Metata Dukha Bhare ||

Chaunsatha Yogini Nachahin Sanga |
Krodhawana Tuma Ati Ranaranga ||

Bhutanatha Tuma Parama Punita |
Tuma Bhavishya Tuma Ahahu Atita ||

Vartamana Tumharo Shuchi Rupa |
Kalamayi Tuma Parama Anupa ||

Ailadi Ko Sankata Taryo |
Sada Bhakta Ko Karaja Saryo ||

Kaliputra Kahavahu Natha |
Taba Charanana Navahuna Nita Matha ||

Shri Krodhesha Kripa Vistarahu |
Dina Jani Mohi Para Utarahu ||

Bhavasagara Budhata Dinarati |
Hohu Kripalu Dushta Arati ||

Sevaka Jani Keripa Prabhu Kije |
Mohi Bhagati Apni Aba Dija ||

Karahu Sada Bhairava Ki Seva |
Tuma Samana Dujo Ko Deva ||

Ashwanatha Tuma Parama Manohara |
Dushtana Kahe Prabhu Ahahu Bhayankara ||

Tumhara Dasa Jahan Jo Hoi |
Takahe Sankata Pare Na Koi ||

Harahu Natha Tuma Jana Ki Pira |
Tuma Samana Prabhu Ko Balavira ||

Saba Aparadha Kshama Kari Dijai |
Dina Jani Apuna Mohin Kijai ||

Jo Yah Patha Kare Chalisa |
Tapai Kripa Karahu Jagadisha ||

|| Doha ||

Jai Bhairava Jai Bhutapati,
Jai Jai Jai Sukhakanda |
Karahu Kripa Nita Dasa Pe,
Dehu Sada Ananda ||